林祖藻 主編

明清科考墨卷集

第四冊

卷十 卷十一 卷十二

蘭臺出版社

第四冊　卷十

子未可以去乎　王思訓

人以去諷若爲和者惜焉夫惠不去魯當必有說人以去諷之非知惠者也若以重去其鄉者人情哉處廹不相容之勢持此說愈堅夸觀殊不解也今子三黜矣乎不自知耶上以來際爲遊戲于竟安之世無喜阨窮焉如子者下以一官卜好惡于屢嘗之世無耐遺佚焉過于者子依隱玩世雖辱何傷然亦大無聊矣子和光同塵謂怨懟無益然亦至難堪矣嗟咄哉子可以去矣此抑莫我肯穀何妨一旦褰裳九州可以相君偏在畏途畏迷寧有人援乎而止之來之聞也以予所聞但微色發聲之累至抑待人賢乎

全神俱動

毛點被

九行

論語

而立之來之見也以予所見較袒裼裸裎而倍加最可異者人服
宦安於磐石予卿宦説若置棋尚可戀故鄉乎兮何以身搖搖而
說得宦情冰冷
心則漢漢也更可疑者君待予不如繫匏乎立朝止如傳舍尚可
謂樂土乎予何以行處處而處則油油也志嘗愛禹而知幾反遲
或者不食而行可廢明哉之卜學辨愛居而潔身獨昧豈其匈駒
下說然妙
用繁可無空谷之吟士師慣見操刀柳下借為吏隱當必有說子
未可以去乎
或嘲或惜且憤且諷

鄭魚門

子未學禮乎　母命之　　二名　王珝

舉冠與嫁之禮為不知大丈夫者倒也。夫冠與嫁。禮之常耳。而欲
為大丈夫嚴其辨。故合父命母命而並舉之。且古人以禮自閑。所
謂德望重而無忝所生者。亦無不在閫所瑣細間矣。顧大聖賢別
靜○專○成○治○
有抱負而懸夫婦亦與知能。禮嚴始終。閫有凜然于其命者。儀行
何人而子以為大丈夫。且何以淵鑒夫禮之所云耶。先王緣性而
本之也○乃○雅○
作則。而尤以成人有德不可無以端其基也。遂以元服三加及時
而定肅寶之制。聖王緣情以立文。而又以女子有行。不可無以肅
其儀也。遂以襟車百兩迨吉而計歸妹之占。丈夫之處也。女子之
直省鄉墨得珠　　劉序　　庚子山東

嫁也礼也子其學焉否耶丈夫志在遠大其意欲其之必期追大
冠而君衛之前敕贄以羨矣將傚其淑慎威儀於家事而膺帶禮
明者之說者實有婦紫爲孟叔服者代語可令幼志謹存而前表
記隨之婦成奔綏于不覺其醮醴有詞父命之所爲必詳其礼也
子德稱窈窕卑下婉娩之易步伯夫嫁所着室之内奉隱以事
矣博前日緣從聽從道婦教而學織紝組紃之事者皆無積斂焉
頤儀垂旅拎傾可監交事將終而臨火利貞之戒不諄諄于謹始
乎持帨而泣母命之所爲必嚴其礼也均備乇裏之戒何于丈夫
而獨著義方焉曰吉辰良而皮弁元端皆有孝弟忠順之責至于

有齊季女不過酒食是議耳則于毋而承其懿訓隱示以正女無
旨不同諭共志而微其名共一保抱之思何于女子而第殷慈訓
蓋無非纓纚而純衣纁袡特申德言容工之教者乃有子克家將
與聖賢為徒爲則于父而嚴其告誡隱見夫厥子肯堂固以承乎
先而啟乎後試即命女之詞質之衍儀之所為幾何不矣其不成
丈夫耶

思致纏綿詞亦雅麗知其腹有詩書。徐數軒

子未學禮乎　命之

戊申江西　八名　王信芳

為未学者言礼丈夫已有専命矣夫礼不独丈夫之有父命也學者未学礼岂亦未尝冠而不一致思耶且夫據礼以論，其寔亦可以類推其名有可以借鑑者此固難為未学者道也未学已不知其名不可假並不知其名所自起矣是故先王重夫礼子疑仪衍為大丈夫乎命為丈夫則亦子之命也而要非礼也仪衍自有仪衍之真也仪衍之真亦自有以合乎礼之真不知仪衍所以合乎礼之真又安知乎仪衍之真仪衍之真吝礼若有会心矣丈夫自有丈夫之実也丈夫之実固早有以合乎礼之実不知丈夫所

冷

失刻

趣語失笑

直省墨醇

以合乎礼之实又安知乎丈夫之实丈夫之实夲礼已有明証矣子夲夲礼乎仪衍苟直適異乎丈夫之真能知丈夫之真苟亦自知仪衍之真丈夫之实大異夫仪衍之实欲观仪衍之实者又何弗先观乎丈夫之实丈夫皆有命冠之礼也冠者礼之始也父命之也命之（樸使醒）殆亦勗其为丈夫乎或嘉其成或喻其志或敬其名諄諄焉丈夫之責也丈夫之事也而仪衍何及也命之殆亦冀其不失为丈夫乎或正容体或齐颜色或顺辞令自天子达于士一概也丈夫之模也而仪衍何知也仪衍岂無父命哉仪衍置若罔闻矣雖有命也当巳总为父命也仪衍岂犹未冠哉仪衍一若不知矣（冷）

即合礼也。絶不侔夫冠礼也、夫仅衍亦居焉有丈夫之責者亦居焉者、丈夫之事者、而亦居焉丈夫之概。丈夫之樽也、乃進求夫礼不賓、恍焉妾婦之道也。

。。。。。。結。明。。。。

英風雅韵原評

嬉笑勝于怒駡作者之才令人可畏工五𡸁

子未學　王

子未學禮乎　命之

戊申江西九名　朱兆宇

大壓以禮別丈夫而先溯夫冠之有命焉蓋冠至加冕而之禮
惟父丈夫之不可胄也亦於此別之而已矣惜當恭已矣
夫學之不可以已也以之修己而立身可以無適即以之律人而
持者可以不失萬物莫不責于賜而人之云爲凡重先王與夫之
之自同於非夫也歟爲之別其類而因以垂爲法而人之學以
函之五諭儀衍不得爲大丈夫亦以禮所入而已禮也者夫人
所共由而以之論丈則尤有其頤已
凡著由子言歟之也
一天學學也與諭經緯萬世莫殞則也
情意即此在斯也

悉經之微文則不遺丈夫也　且與子諭丈夫亦不
以吾之說諭丈夫也以觀禮論士　丈夫之冠也有所
之者執其手而錫以嘉名溯厥初生已　勝則壹切待之心
於斯而此意固已諄諄乎欲其為聖為　賢外有未敢言而要之
使彼之而上無負男子之美稱則凡為父者未　始不存此願也哉
不必責舉其辭而命之所及斯不容苟且隨　今之奇之以致爾爾
所生之足則父命之所必嚴若有與為禮而待以成人愛字
惟是表揚稱贊之義至父命而訓辭則又有所增焉已矣
豈不欲污諸口而苟從其蹈此而下者夫固有之體裁此又焉

着未始不以為憂也故為之特隆其儀而之所宜損不出於正宜尊全

垂教之旨庶幾貽以令名焉父命之所與者丁寧定矣

實亦正多委曲之文而惟戒有命則尊有紛紜之爾也

於父之定禀也故文繁而不可解酒食之陳具而合而也

命特申將遺之巾櫛示以戒之定之父之蓋也故情深而文

以吉趣善繇

冽我斟儀衍豈一例未之冠乎究其為成人之不顧子孫者

而于旦日大之夫適以見其無所取者猶有所循

揭其士老後益斟以情文是故度可稱能也

學

本

晚年才文有清足今[illegible]

卄首當

子未學禮　五句　一名　朱續孜

大賢與時人言禮而遍舉夫父母之命焉蓋欲論人必先學礼也
由于父而嫁命于母不可由丈夫以觀女子耶今夫人一臧否人物
而衡不于倫大都無所折衷而漫焉以口舌爭也試即舉世所共
守之經人所習見之事為之連類而並及焉夫乃知高論偉俗者
之忽乎其細而未溯其原矣公孫衍張儀何以不得為大丈夫哉
吾不暇與論衍儀而且與子言礼礼也者人之所共奉也今由子
之言而竊疑子之于礼殆未奉也男子志在四方幾礼有以端其
始故棄爾幼志歆爾成德已明示以束修砥礪之途婦人不踰閫

閫惟礼育以謹其防故敎于宗室敎于公宮初不越乎婉娩所習之訓文夫則有笄焉受笄而拜見母亦與其礼矣而其命之也則非文莫屬若女子則有嫁焉醴女而後迎又亦敎其礼矣而其命之也則惟母是爲筵賓盥且筵几布于宗祊于阼于房醮殺分乎嫡庶冠不同而其爲文夫則同也文夫同其爲父命之也亦無不同蓋携持保抱已備經慈母之恩勤而與冠三加將以責成人之礼則異其節類適遂強立而不反者督于父命之時正其本矣則以爲此其待文夫者而已矣帝乙之歸妹也元吉載占頓女之來教也德音善頌嫁不一而其爲女子則一也女子一其爲母命之

五章妙

典雅切[illegible]

道緊得穫擬神

也亦無不一蓋擇吉相攸亦殷責厥君之審慎而禮隆百兩將以合二姓之歡則古云無非無儀無父母貽罹者將手母命之時示之則矣則以為此其待女子者而已矣蓋門庭靡遠未至無違相訓誡之時而男唯女俞禀分早識其兒奧故嫺織乃綿家之索而義方即為國之楨此內外交修原自有各善攸宜之處而陽施陰受易地未必其皆良故剛明成階厲于牝雞而柔靡亦貽羞于巾幗審是則女子之不可與丈夫同日而語也明矣世有以丈夫而甘蹈女子之所為者而漫以大丈夫稱之吾恐儀衍剛不成丈夫而子亦淺之乎為丈夫也

直省鄉墨得珠　孟子　朱未李

直省鄉墨得珠　戊子　科末李

典貴高華語有激射筆有餘妍不可以尋常物色徐歆衡

子未學禮乎

李東樓

大賢欲以禮正名而深訝夫不學者焉夫也以不知所名丈為窔也不學也夫謂景春曰世之縱人而不于其倫者謂塞無損也之明乎所學之淺深視以而已矣丈夫上有兵千竊然曰儀術焉夫君子之無所苟於名者徒以有禮在耳禮行于則上緒誦之氣先王以之陶冶人材一士之側艷相高者亦隱然然民衆禮明于下矣縱橫捭闔風會雖已降慕效焉士之湛深經術者猶載然持清議渝乃愁之乎矣禮何如也禮無以戴焉衆人仁義之態而

圓　義新而非穢

是尊非所尊而直尊之以相謾也且得為乎禮無以宴其間

斯人肩戢之聲而張之曰貴是貴其所貴而非貴之以其將也曰

以上題面、、完、恕、幻、必、取、反、文、字○半山以下

得為禮乎亦自夫誦習之儒其平居好持深刻之論而獨至身所

為貴、、

云為之事類所知其放誕而不能引古義以自閑此其為不學之

害殆有甚焉然其有諸己者未必是而其非諸人者未必非也責

意○妙

人無己而苟可以照不易之經此意亦被服先民者所取飾也而

一頭末之能也又豈無朴鄙之士其平居第守約畜之觀

心所簡賤之人則必且發其隱私而不必亂前經以相証用以鬭

見此○章○真○刻○矣

不才之言何其隘也然其所不能測者禮之大而其所隱與謀

禮之意也談言微中而苟可以樹久遠之防此意亦表正人爲者所不廢也而子又未之能也是則子之稱儀節者學亦失不學亦失總之于禮汶汶耳不然謂是區區者而何有于知則子亦講也于丈夫女子之分者宜有素矣

文心之蘊幻文筆之奇詭真乃正希後身

子未學禮乎　命之

戊申江西二名　李開元

禮以父命成丈夫非未學者所能辨也夫父之冠子禮不載命之之辭而孟子獨曰父命之者此自有說故先以此與未學禮者辨且夫世之言禮者必曰冠者禮之始故聖王重之重之故行之於廟果爾則凡祖廟未毀教於公宮與夫主人筵几於廟而聽命者他事類然烏在其獨責成人禮於丈夫者哉又烏在其為學禮而辨於禮者哉若子之以不成丈夫者為大丈夫真吾所謂未學禮者也何者子非惟不解大丈夫之名抑亦不辨丈夫之禮々何止丈夫之冠而子所未學者先在丈夫之冠之豈丈夫者何子為父

後者也則禮當從父余嘗學昏禮父親醮子而命之迎其辭曰往迎汝相承我宗事心竊疑之以為父之冠子命之當復如是而禮未聞有是辭也豈丈夫之冠也父獨可以不命〻之乎或謂冠禮（波瀾）（妙有此致）之行也筮賓之明日主人戒賓冠之前日主人宿賓意者父先以其命〻之賓乎此學禮者之一說也然某子加布顧子教之某將加布子將涖之戒之而已宿之而已無所謂命或又以醮於戶西有醮辭矣不醮則醴有醴辭矣貽告爾字爰字孔加有辭矣意者賓即傳其父命〻之乎此學禮者之又一說也然醮之醴之字之者賓也辭自賓出雖有命賓命之非父命之也蓋吾嘗學斷斯

禮矣今夫戎夫之冠也父主之則雖未嘗諄諄然命之而正不虛隱隱然命之其在冠之日主人服其服立於阼阼著主位也父為冠主賓雖禮辭勿敢退故古之冠禮詳於士而不及天子諸侯大夫以父臨之則元子而下皆士也其禮與士無變也乃天子無冠禮而周公獨冠成王朝於廟作詩曰率時昭考是猶禀命於父之（係之詞與言詩）義也且王者父事天而祀雍之頌曰欽若昊天稱天以冠之此亦有父命在焉是說也學禮之家時時誦說之至於今不改顧或有又疑冠後見於母見於兄弟見於君大夫鄉先生何以獨無見於父之文不知父既為主焉冠其子復自命其子而自見焉非人

慎故不可行且與結褵之日俾共以歸寧若何異也緋施之女子目不可而況儼然又夫哉

熟於三禮注疏并及大戴家語附會斷制盡所長真能讀綠釘書而非飽飣之學原評

徵典處巧于附會机趣橫生之是不徒以博雅見長者王五峯

子未學　李

子生三年　之懷（論語）　吳鐘

見一股打動他初生時免免父母乎

子生三年　之懷　　吳鐘

聖人于忘父母者，而即父母所以生之者亦之焉。甚矣子生而父母不免于苦也。三年之懷亦已久安矣。夫曰哀哉不仁者之忘其父母也，以為父母死而已可安，豈知已生而父母乃從此不安耶。夫人即善忘，亦未有忘其生者也，而已固不免恃父母以生，需父母以生，若之何竟遂安而忘之也。蓋彼既壯長成人，其為生便矣，免于之母也，其資生多矣，免于需父母也，故竟遂安而忘之也，則曷不本而思之曰：吾方生而口即能自哺乎？吾方生而體即能自遂乎？不能也。不能而誰為哺之遂之也？父母也。則吾呼將而詰之曰：吾甫生

此二股方實做三年能後父母以刻劃論年有對期之表也

合但昭嘆三年也一段方三年之懷父母尚不了事也以見三年之喪

而手還能自持乎没甫生而足還能自行乎不能也不能而有以為持之行之也父母也是故當其始生而在父母之懷也未幾聞一期矣而不免也未幾又閱一期矣而猶不免也蓋直至三年然後克免耳若猶未也父母不以為吾有他急務而可姑置也且也閱一期矣而未聞父母曰可以已也且也又閱一期矣而未聞父母曰期更久也蓋必至三年然後僅免耳若猶未也父母不以為是有妨吾業而忽舍諸也劬勞哉父母也長我育我者終其身也詎嘗以三年畢也即此三年中所為劬勞也非一端矣而父母但願子生不復自惜劬勞也父母固不自惜矣子亦遂從而不惜之乎思勤哉父母也傾我復

我者無窮期也何嘗以年數計也祇此三年中所爲恩勤也亦已閱矣而父母且冀子生併不自知恩勤也父母誠不自知矣子亦竟罔而不知也乎哀哉不仁者之安于忘父母也

字字刺入心坎中原評謂其悽惋淋漓寔從至性流出良然

新調鮮[illegible]

子生三　吳

子生三年　五句

何忠相

銜報施於所生辭愈降而心愈戚矣夫豈有子於父母而獨施為報者施以三年報以三年為不仁人言耳子曰予之不仁也凡生

用載記墨舍淨詭

天地之間有血氣之屬者莫知於人嬰莫不有呱呱而啼之一日嗚呼此并不曷言罔極也予甚慚此三年獨何以謝夫先施之

承六知於人

者他日之子形日以長智日以開不難食稻衣錦而晏然自如初

承呱呱而啼

世之子危孰與持顛孰與扶竊恐食飲居處之無以自主尋試思

元氣

之不有父母何以至今日瑣瑣者早為予服勤三年也已想爾時

淋漓陸循深其寧上許天應泣

甘旨之嘗化為哺乳嬰兒之語聽於無聲綿日夜而置諸懷夫既

寢不安席矣念我出腹即乖德於不報之所亦所甘心焉於冥其稱情立文以為償也則何忍不償也迨其後精氣消磨食不下咽支離狀瘁衣不被體積衰白而病且死夫且冥然罔覺矣將由患邪即朝死而夕遽忘之有何督責誰復詬其來而不往之非禮也夫寧負其罪哉

右節

先王念劬勞而為之教孝為之飾哀恩甚者其報重痛甚若其愈遲立中制節喪以三年是百王之所同古今之所

据儀禮喪服傳為三年各爰作加一倍法

壹也予獨非人子與稽慈母如母之文雖後不屬於毛不離於裏而恩同顧復禮得以義而起所謂女以為子女以為母貴父之命

只一句嗚咽　据三年問

者猶不忍沒三年之勤斯閔斯也況乎生我鞠我至親期斷之餘當

正接拈癥結

夫天地已易，四時已變，而與為更始，心不與服俱降，所為哀痛未盡，思慕未忘，欲終不得者，常隱抱三年之恨焉慽焉也，況乎加隆。嗚呼，予之年既長矣，父母服勤之事，都不復記憶矣，為問免懷何日，怙愛幾時，夫固居然三年也，生不空桑，而不仁若此，非吾所能知已。

文到真處便是不磨。罕勛年三歲，祖母命後其叔玉平尊甫建侯先生，迄無子，而正平故冢嫡，為之後理不得歸，乃別立後，後尊甫罕勛心痛之，屬以優行薦，服闋當赴部，罕勛以禮有所限，情得自盡，寢苫食淡，矢必過二十七月，裁北去，末幅此所云

云乃尤其飲酒處。讀其文。知其於天性最除也。栢藹叢[illegible]

嗜酒甚弘。冷血瘦。方杜山師

主顧喚女姿。尚是冷然刺入。到此徹底掃箇盡。未應再作留餘語也。題境本爾。亦緣作者有數有物。不自覺其無滞而道我心

亦為呼[illegible]杜川

龍從曲臺。參以儀禮。無一字無成處。有真性情。不可無真學問。吾為俯首至地。褚搢升

予生三年

順治辛丑　馬世俊（章民）

邇人子有生之始而三年可念也蓋人子之所以終其身皆觀生之耳安問三年夫子蓋為總喪者言之也若曰夫人必有所從來苟不念生我者為何人亦還問我生者為何月乎苟生之日而即（倫生字）（反映）能自遂其生也則亦不必言罔極之恩與終身之慕也矣而為子（下文）（以父母）者能之耶予之不仁何如哉夫喜與懼相乘而不可不知者父母之年也（母之年陪予之年）哀與感交乘而不可不知者予之年也一時之易逝心每動（以父母沒以三年結予生三年）於霜露者父母沒之三年也力之不逮愛尤篤於始基者予生之（剔生字）三年也言念始生已不禁愴然矣謂他人父謂他人母庸得生乎

為意當年更於斯穆然矣不屬於毛不離於裏有是乎乎一子生而
剔于字
二比
從子生起
聞見漸而笑語子未嘗自為勤焉而至乎此也三年中夫孰為顧
一下句吞吐
下情
復我者耶倘非有顧之復之者而稲粱雖美將以代三年之鞠育
即借上文襯出
文繡雖華將以易三年之被服乎一子生而始孩漸而稍長子未嘗
自為勞焉而至乎此也三年中夫孰為怙恃我者耶試思此所怙
變換
所恃者而穀將幾登亦既轉三年之新舊燧凡幾改亦既歷三年
三比從三年起股法不複
之寒與乎且夫三年間不聞遼遠于嬰赤也六年而教之數八年
而教之讓九年而教之就傅十有三年而教之詩書射御此提携
補出
三年以外更覺刻心
情刻本懇
於三年外者無一非勞劬之日而始計其恩勤之伊始已不知若

何詰据以有此三年抑三年內不問遽躋於成人也十年而可以（拾好敘佳）
幼學二十而可以弱冠三十而可以有室四十五十而可以強仕
服官比斯必於三年後者無一不關覲之心而始計其繼紫之方（反覆下句）
殷已不知若何輾轉以有此三年三年矣一立一行之際豈有當
於揖讓之文而亦曰三年不為禮乎三年矣或啼或笑之情豈有（語意斬針）
當於咏歌之適而亦曰三年不為樂乎夫至三年然後免於父母
之懷可見懷之者亦云三年矣而父母尚不同期已久也耶（妙語解頤）

借上擊下處處縱往可謂善留餘地　張餘堂

針對上文虛含下句為欲短喪者作當頭棒喝直令宰予置身

無地毛於本地生情波瀾不竭尤足益人神智。讀此文者須看其展布從容絕無窘促尤須看其如穠纖佳不濫分毫。江翰凢

子生三　焉

子以四教文行忠信　　徐用錫

聖教有四、詳其目而知其至切也、蓋夫子之教亦多、而舉之有四、曰文曰行曰忠曰信、何一非其至切者哉、且聖人以其成己者成人、而人各得之以自成、不可以習焉而不察也、通其義則大而不遺、指其實則詳而有要、惟是著之以實理、體之以實事、本之以實心而已矣、夫子之教多術矣、由今以思、其隨人隨地而施、原不能窮其變化、而宏綱所寓、未有不舉體用之全者、其因事因時而發、原不能盡其曲折、而科條所存、未有不合外內之道者、所以為教殆有四焉、其所以為四者何也、馳心於虛寂之說、卒歸於流遁而

（珠穿）

（原批看此句引起四教老法）

自失其則者非夫子之教也有文焉明刪定之有徵以存文武之
（道之顯者　精　兼得游於藝）
未墜問辨於制度典章之大而蓄其德也游息於名物象數之繁
（精）
而利其用也以耳目範其心思蓋用是以窮理非借是以洽聞乃
知文者真載道之器矣此其教之一矣被服於儒雅之為多托之
空言而無與於己者非夫子之教也有行焉勉庸德之未能而恥
（行而有於己為行）
多言之不逮綱常名教之經有諸己而始見其責於物也視聽言
動之規踐其形而始見其復乎性也以蹈履實其見聞蓋意不紛
於領外故功不隳於半途乃知行者真體道之要矣此其教之一
（三程子語作過恰切　確）
矣雖然不可以無本也夫忠也者誠之源也幾已動而事未形其

心之盡也吾知之其心之未盡也吾亦知之夫惟不二其心者懇
惻自遂不用其極而不能以自止故致之已者無所餘給諸人者
餘已自盡確
無所匿此亦文之情而行之主也夫子或以為行或以為行政之極或以為
與人之惡則忠非其一乎夫信也者誠之立也意已發而理有定
精確
其心之實也人見之其心之不實也人亦見之夫惟自貞其心者
狀物無遺確
真確不移各如其分而始可以自安故出諸我者至於終而可復
期諸人者要之久而不忘此亦文之體而行之幹也夫子或推乎
民之有與立或戒夫人之不可行則信非其一乎本師儒學校以
此以文為先著
立其規而六藝必先乎六行六行必先乎六德者彼論其本末而

此論其先後是四教也蓋淵源於三物而析其裏也合進德脩業以定其序而由理以返之身由身以根之心者該博約之旨而符忠恕之傳是四教也蓋引伸其一貫而示之端也記者記此亦可謂善學也夫

此從外說入意

原批尤精

安溪師云既有行信字不得在事上說忠信都在心上說最難確當分明遂劇論忠信分別處因成此作師頗謂二字著語差近自記

不是學文脩行時不教之存忠信但教人當從外說向內如博文約禮博前亦有約立誠意以致知是也約後亦有博程子所

謂會被虎傷者談虎色變知得更親切也道理本自圓通無礙而此章與弟子入則孝章正互相發弟子先行後文恐其近於華故從內做向外此章是教人深切用功令有可下手處故從外做向內講學既明而後可以脩於行所行雖善必須更反之於心主忠信本是學之第一件而直通於無聲無臭亦只是誠而已誠者聖人之本故以是終焉文實〻講忠學文脩行存忠信實際乃是聖人之教所存故記者札實下一以字後二股更見聖人之教所以有是四者實包盡古今教人道理而孔門一貫之傳亦即在是徹上徹下名論可垂不朽　王學舒

子以四教　一節　　錢禧

門人有得於聖教而以四者約之焉蓋聖人惟知教人而已豈定其爲四哉而善學者則約之以文行忠信也若曰天下之道不可一日不明天生夫子所以明道也天下之人不可一日無教夫子之生所以教人也道無往而不寓故夫子之立訓也觸事舉理而不拘于一

知性兼說方見聖教廣大而功[illegible]

端一人有質而難誣故夫子之初誨也因材器就而不槩以一術吾黨牽身承而心察之矣因爲約畧其目則有四焉即爲約畧其相因之序則先之以文繼之以行而主之以忠與信焉可得而聞者夫子之

四項逐件皆有着落卻能分得逐其闡發

文也不必終日言文而動容周旋罔非以文教矣學者雖不能盡聖

人之文乎乃睹盛德之形容而觀聆緒論于以求道庶可從入也（文○行○四○拖○定○夫子○身上○說○）行不與者夫子之行也不必終日言行而動靜語默罔非以行教矣學者既不能如聖人之行乎乃悟至理之當前而勇往精進于以入道庶哉可及也不待盡而無不忠唯聖人為然耳學者雖文行交懋而隱微之地安必其念念之勿欺哉即有資近乎忠者而不學之忠（如○此○制○斷○忠○信○方○見○聖○教○之○要○）與好學之忠何以辨聞道不聞道之別也夫子以忠教而文行之士其學益進矣不待發而無不信惟聖人為然耳學者雖文行兼隆而推行之際安必其事事之無違哉即有資近乎信者而匹士之信與夫人之信何以辨見道不見道之別也夫子以信教而文行之士其

量益弘矣。蓋無目可分者夫子之道也，而有序可循者夫子之教也。是故道有萬殊，而教約有四，人既不病其畧；道本一貫，而教析有四，人又不病其煩。中人以下，因四而漸可得一；中人以上，舉一而已可該四。雖然，此亦自吾黨言之也，在夫子則（潤上混流）惟有教人不倦而已矣可。天為斯道而生夫子，夫子為斯人而有四教，自此以後，天即不常生聖人，而道已常明於萬古矣。

體立詞雅，理詳氣遒，周規折矩，宛乎先民矣。艾千子

內外本末上下精粗，無所不到，而又有功聖學文字。

子在齊聞韶

康熙丙戌　方苞

記聖人之聞古樂非偶然也、蓋聖人之于物也、無所苟焉、況其所欲聞之韶而適得之于齊也哉、且辨其鏗鏘鼓舞而不能知其義者不足以言樂固也、而樂之義實有寓于鏗鏘鼓舞而不可以憑虛而得者未嘗聞焉、而曰吾已盡其蘊雖聖者不能也、如子之于（備寫聞字原評已化學通乎神理）舜固所稱異世而同神者也、而魯備六代之樂則韶又宜所熟業（補此層劃出在齊皆為下文引脈）及之者也、而魯論特記其在齊而聞韶也何歟、蓋覽樂頌之遺文不過得之想像而已、而精神之運依于形器而效其情彼琴操今（涵芝斯御手）飾而文王畢然可見則知入耳而動于心者爲切也、備先朝之舊（聞極寫聞字）

典不過存其髣髴而已而國故之沿別有師承而不相襲彼武音
（淵在）
（齊更甚）
非淺而有司尚失其傳則知世官而宿其業者爲難也在昔虞人
中微而三恪之封胡公實承其事守及夫敬仲播越而九韶之奏
齊人實志其遺音蓋古者開國承家尤重于祖宗之典物雖支庶
（細處在齊一股）
奔亡而猶抱其遺樂誠不忍神明之業久而就湮而斤斤習數以
（不說二字鼓噪題外）
知其神以視夫吳札之所觀周太師之所職吾知其必有異也而
（細處子聞一股）
吾予刪詩定樂每資于列國之見聞雖一詠一歌必求合于韶舞
而說乎盛德之同曠世相感乃一旦觀物而窮其變以視夫萇弘
之所傳賓牟賈之所誦吾知其必有異也嗟乎周之季也五帝之

遺音盡矣。自夫子聞之而流連詠歎。韶如至今存焉。其事蓋非偶然。不然。雖齊之工師世守之。其與于他樂之亡者幾何哉。

收題條的。

處處為不圖為樂句領意。如燈取影。　儲執禮

撫鄉子聞在齊兩層。前後四股相廻抱。但覺流轉變化。而并滅承接之迹。其書味勝也。領取不圖令緐華。盱未到勢則已吞。

子在齊

方

子行三軍則誰與

福建揚宗師科 入泉州一名 李簾旺

以行軍詢所與勇於行而不知藏也蓋夫子之於三軍亦必用之而後行也忽以所與為問由始僅存行之之見哉若曰儒者之揣誤也每在出處之間不知出處何嘗苟有人焉可與共功名則得時而駕耳焉制治雖以文而戡亂必以武可獨無相助為理耶用行舍藏聞夫子之與向而重有感矣竊志濟時而禦侮之歉不奏天下將譏儒術之迂疏好言引身而定須之略無聞吾人亦難國事之不振然則世之必用而亦不舍吾之必行而不藏者孰有過於行軍者耶而竊為夫子計之周有六軍天子所以彰九伐也第西

跟上覆脚

落到誰與神情

觀三軍

歸然日安邊統十乘之元戎晉有四軍偏主所以勤三駕而事際
何不儕無由躋八卿之行列至于魏蔡鄭莒建一軍而漢書人不
是登以頭大志蕞爾曹滕作二軍而分上下何足藉以展奇才兩
從夫子身上推論出三軍來有根據
思夫子自宰中都攝相事以來車塵馬跡幾徧天下則用夫子而
得行者大率非在宗邦即家衛齊楚諸大國耳公車千乘乎公徒
三萬乎左師右拒中權之制不有存焉者乎夫子而行軍其為三
軍也必矣雖然身為上將既非一手一足之烈獨能制勝于疆場
須境其
職在帥帥又非鼓琴鼓瑟之流可以共謀于帷幄甚矣行軍之難
逐字出落傳來最清
可無所與也一視其之會齊人敢于轢夫子者謂知禮而無勇也誠

得一勇者而與之則葉裔之傳有不得鼓譟而始知矣要論之視
衛侯取于慢夫子者因軍旅之未學也有關軍旅者而與之則銳
須忍寫華詠歎而來
閫之外方自命王孫而專任矣意者三刺而請踰溝及門如貫遵
論據鑿千鍾切
可以與乎然而潤也弱奪孫則慮之矣堪為御而不堪為右恐不
能遂果毅之英抑或用不而入齊師同堂如冉有可以與乎然而
求也藝夫子嘗言之矣能治民而不能治賦恐不克受偏御之寄
妙語恰自然
意夫子之在今日率而優游無事得與吾黨從容商確耳設一旦
聲色俱壯
秉鉞誓師國君雖轂而送之曰閫以外吾子制之欲得勇士與之
俱唯吾子擇焉斯時也白羽若月赤羽若日鐘鼓之音上震於天

於疾纖絲下墻于地由不知與誰同功而後能爲三軍之偏也猶

点筆爽亦字古宕

隱昔日冀得之射夫子使由爲司馬而嘉其能用命則安知今日

之所與不勸夫昔日哉敢請

前幅次第布置逐層出落局最鬆活出與字後則五兵縱橫金

鼓並遝知其胸有武庫　張魯璵

子行三　李

子好遊乎吾　一章

山東劉學使月課　田雲翼
定陶縣學一名

無往而不自得者，乃可以語遊矣。德義在我，而知不知任之人也。古之人真能囂囂者哉！非然，而何以語遊？且士人以一身而遊于天下，非無說也。遊必有遊之具，遊必有遊之術，遊必思無負乎一己之學，遊必思克副乎天下之心，而特患世之好遊者不足以語此也。夫人而好遊，將毋徒慕乎人爵之榮，而非然則以為賤也；（從好遊撲起全題翻入囂囂亦為有識）徒徇乎人世之樂，而非然則以為憂也。是欲遊而不欲窮也，欲得而不欲失也。係情乎知不知之間，安往而能囂囂也哉？（先帶起身樂）不囂囂，而知則欣欣，曰吾誠矣哉，吾固得志而可尊可樂乎哉；不知則戚戚，曰吾乃窮也哉，吾

得志而不尊不樂乎哉是皆好遊之念累之也抑知遊之術原
不脫語趣
不務邀世之資遊之具原不務逢人之術在己自有可尊語遊者當
不徒好遊而好德矣在己自有可樂語遊者當不徒好遊而好義矣
同下幾節字眼俱挈八德義字
蓋德義者自其措之于事則曰道行其脩之于身則曰善已以之而
自全民賴之而兼濟可以彰施推暨而加澤無窮可以寤言永歎而
潛修自矢則窮也達也得志也不得志也何在而不可尊之樂之也
串文勢亦自呈融貫
即有時遊而窮或窮而失德或窮而失義則己之得所尊者安在乎
挿此
則己之術所樂者安在乎于此而亦語之曰士不得志何如斯可以
句勢〻
囂囂也而不見古之人有德此德義之善而獨修無失者哉若是則

不脫題字

以囂囂矣非然而人知之也亦囂囂矣有好遊而達或達而離德

又囂囂遠瓶其義才

或達而離義則民之慕吾尊者何望焉則民之慕古樂者何望乎于

不脫題字 戟皆問答作删合妙甚 手段入未鈎亦恰

此而或語之曰士而得志何如斯可以囂囂也而不見古之人有據

升

此德義之善而澤被生民者哉若是則可以囂囂矣非然而人不知

實發題後更見精神

也亦囂囂矣蓋惟有尊樂之在已而大行不加窮居不損可以抵掌

侯王之前而蕭然無與也遊之所以善全其具也抑惟任知不知之

在人而人自求已不求人可以立談人主之側而窺然不畏也遊

之所以獨得其術也然則好遊者慎勿為遊所累而後可哉

德樂義可以囂囂二句作主將全題綰入人知之一節中最

又又法且處處不脫語語遊塵塵不亂本位。而熟化問答。變化合離巧妙真數之不盡也。徐亮直

此題層次最多。文俱攝入。人知之四句內。凡摠定尊德樂義做主。一線穿去。遙題有貫珠之巧。柔凡之奇。其帶定語。遠亮得全章作法也。後幅以窮達分股。將下幾節攝入。知不知內股末卻用互筆掉轉。遂能各如題面。而兩兩亦字亦飛動異常。此意外巧妙也。

江好遊　田

子好遊乎　全　李枝桂

士有所以為遊者、與古為徒矣、夫以德義自重、此士之所以囂囂也、好遊者胡不以古人自期待哉、且三代而上士未嘗有求于天下而天下有求于士豈不以道積厥躬處非徒處而出不輕出者乎夫士之自待甚重正惟為天下而不得不重蓋性分之內自有可重不可輕者焉（京江風度）而天下之得以輕重我者歸於無有矣今天下自重之士何寡寡也一庸人知之則自以為有餘一庸人不知則自以為不足此無他德義無聞而好遊之心累之也夫遊亦有道（穎望選舉若紅雲護天）矣大抵遊士之所患有二一患乎學之不寔一患乎心之不虛學

不實者押闔縱橫其操術止是而問以天時人事生民理亂之故
則羲如也此其不可以遊者一也心不虛者勢位富厚其願望止
是而問以大行窮居所性不存之故則又羲如也此其不可以遊
者又一也何怪乎其不能囂囂也哉有士于此人知之可也不知
亦可也無徃而不囂囂然也為是者有本有原德與義之謂也尊
（停頓入古）
吾德而仰不愧俯不怍已貴而物皆賤也若是則可以囂囂矣樂
吾義而萬鍾不屑一介不取已大而物皆小也若是則可以囂囂
矣其可以囂囂者是可以窮可以達而必不可以失義而離道者
也其不失義而離道者是士之所以得已而民之所以不失望也

孟寔其學以遊于世故一出一處而世運係之以盛衰虛其心〻
遊於世故或躍或潛而吾性不因之為榮辱今之好遊者未足語
夷於大逵
此也其惟古之人乎古人之學有體而有用古人之心不加而不
損古人以德義立志而澤民者以是自修者亦以是古人以德義
藏身而獨善者惟斯兼善者亦惟斯〻即轍環天下庭說諸侯而
豈不可以囂〻也哉遊何病遊然後見古人耳孟子之語宋句踐
者如此夫孟子願學孔子者也而自任同于伊尹〻之耕莘野而
囂〻然也是其所以大異于遊士而孔子之不知不愠用則行而
舍則藏者是亦為天下生民而遊而于悲天憫人之中默寓其囂

嚚之意者歟。句踐而得聞之。雖好遊可也。

就題中看出天然主從卷卻由我離即因題不求異人〻自不能至非深於古文者詎易辨此

子好遊

子好遊乎吾語子遊

江蘇劉宗師科入
奉賢縣學一名 袁鎔

不可無所以遊者大賢為之正其好焉夫人第知遊而未知所以遊也孟子之語宋句踐非欲以正其好乎今天下遊者紛紛矣或以約縱遊或以連横遊或以罷兵利國遊盡人能遊盡人不能遊也盡人不能遊必得一深喜夫遊者為之正其趨焉斯可以言遊而遊遂非蹈常而襲故吾今竊有望於子士生三代以下孰不有事也出險之思子之遊正予之不負所學也豈容踐涉關津終老半生之歲月身當五百之期又孰不有數過時可之感子之遊正予之欲見諸行也亦得高談世故致要強聒於王公謂遊可易

（文以疾風驟雨）（新句妙）（切定遊字寫出無限感歎）

言哉子誠好之吾試語之齊秦楚魏之郊兵戈相接以今日而欲遊亦何地可托乎然列國雖無可托之地而抱負誠難講陋也非

（境若雄流麗）

必膽發而往上遊客之書非必躡屩而從應招賢之幣得其所以為遊者而子之好庶幾其不虛蒞顏儀術之輩口舌爭先以今日而欲遊又何人可共乎然斯世雖無可共之人而挾持非可苟且也無庸長跽而請售術士之謀無藉擁篲而迎獻才臣之秘得其

（開以闔合股法一氣相生）

所以為好者而子之遊庶幾其足重使子而不得吾所謂遊則此際之把臂贈言不足佐他年之經綸匡濟而投時伏策歷聘風塵將好為徒好遊亦空遊使子而誠得吾所謂遊則此月之抗談矜

子好遊乎吾語子遊（孟子） 袁鐺

尚即足取畢生之幼學壯行而轉轂連騎欣動世主斯遊為真遊好為實好故吾以遊正予竊歎子之所好不第曳裾見長也不第

照下兩字

抵掌示快也桑戶棬樞之下不乏經天緯地之模焉而再綸秉耒豈足以囿其心胸吾更以好規予竊歎予之所遊不等叩關而謁

照下達字

也不等借箸而陳也明堂政府之間不愧帝佐王臣之目焉而拜乎颺言賡兄以展其懷抱蓋臣擇君君亦擇臣以吾之所語而大踐之之用則帝乎東帝乎西不徂近功之可尚抑上前王王亦前

自得與說並齊攝起

士以吾之所語而清好之之原則何以畀何以告豈慶儒術之猶蹤不然天下之遊者紛紛矣而子之所好復在彼不在此吾恐紛

縱連橫中有子罷兵利國中有子將仁義道德中豈尚有子哉將戰國遊士習氣撇去一層恰能照起下文而又不溢題位賦發泉湧的是韓蘇氣𩔰。林錫崑

筆筆發空語語蹈實神來氣來真有花飛蝶舞之致。沈家樹

緊切情事不遺套不俯傍山雨欲來風滿樓文之浩瀚處當作如是觀。姚周襄

子好遊　袁

子好遊乎　一章　嚴文在

士之能囂囂者窮達無不善也夫惟囂囂而後可以遊惟尊德樂義而後可以囂囂古之人皆然豈以窮達為加損哉今夫天之與我者

（撥○德○義○道○三○字○提○得○主○腦）

德是也行而宜之者義是也足乎己及乎人者道是也性分裕之一

（囂○囂○神○理○亦○出）

己窮達聽其所遭士所為無往而不自得也而後囂囂然以通塞為慼

（落出首句）

喜抑亦扶持之無具矣夫今之好遊者何衆也彼謂世有知我取卿

（反○取○下○意）

相之尊出其金玉錦繡之美庶幾得志于時者之為而不徒以困窮

（從○跌○而○入）（提○德○義○如○網○有○綱○陡○入○窮○達○一○筆○出○囂○囂）

老也嗟夫彼豈知有所為德義哉夫德義者士所以超然于窮達之

（字○最○自○然）（說囂囂字○虛籠二小比兩兩相形輕重）

外而無往不囂囂者也孝弟忠信之良充然于性分之內視當世之

自得

軒冕孰崇裁制經緯之宜寬然于寤寐之境視外誘之紛華孰還當

二比乃二一篇綱領筆法

是時天下日以經綸事業想慕君子之風采而良貴在我則戒慎恐

請尊字的確　尊德樂義

懼之中且有馭筆而惟恐以一念紛歧褻其所受之正天下日以進

引見今羣有才自命如此寬做

退行藏預卜斯民之安否而素位自得則藏修游息之餘已足千古

請與字精當

而必不以一念苟且忝其所處之安尊德如此樂義如此由是矜名

節砥廉隅義當守其在己人之不知而無所于戚也有時遯不遺遠

將知不知捻入窮達內有手意

不檕道克酬其素望人之知我而無所于欣也窮與達聽之人義與

再敘囂囂一筆　逆挽德義卽順出古之人來便

道惟所處其囂囂有如此者此以見德義之無往不善而古之人念

換

此至熟也三代盛時草野渭濱有終焉之志而相廻而起其建豎卓

卓如前日事胡然得志而克沛溝亡之澤胡然不得志而獨發岩處

一氣運化行謂力大于身

之身胡然處窮而潔身遠引守其[illegible][illegible]己之常胡然處達而得時則駕

字〻鈞清章無滲漏

不負君民之望然後知囂〻者古人之致尊德樂義者古人之養其

滴水歸源

善一己與兼善天下寔有挾持非苟而已也世之志乎此者希矣孟

點睛　[illegible]落下首見

子因宋句踐發之凡以自得其所性分定不以知不知加損之寔而

地頴高筆鋒甚健

非果以尊德樂義望當世之後〻者也

尊德樂義一語是篇〻本領而所以處達處窮根源全出于此中間當是時二比寔為通篇扼要前後握定筋脉俱有揮灑自然之樂

靈嗜

子見夫子　夫子

山東陳宗師歲入寧海州學六名　丁　睿

賢者急於問聖，而聽者若深怪之焉。蓋夫子者，子路所知，而丈人所不知也，安能强勤四體、分五穀之人，而必以見夫子告哉。今夫師弟之名，定於終身，固已之所獨見獨聞，而不容泛求之他人者也。乃子路者，當從游之偶失，遇荷蓧之忽來，尚何暇計丈人之為何人，而後問之哉。第以道途之外，孰為主，孰為伯，孰為亞旅，不過四禮之胼胝；（點情）吠畝之間，孰為種，孰為稑，孰為秬秠，不過五穀之錯雜。而獨有一夫子焉，道貌隆則逢之者必驚其異，行邁久則覯之者必識其奇。於是（真流露為夫子句）乎急以子見夫子詢。蓋謂夫人之能知夫子也，丈人於此，使果見夫子乎不妨為子路直指之使不見夫子乎亦不妨為子路婉辭之而乃若疑焉若諷焉不曰汝夫子何人而但斥其農業之不修也且不曰汝之欲見夫子何故而并駭其稱名之失據也嗚呼同一夫子耳（紙笑貌心首見）孰所見而殷勤相訪子路之問何其誠因所不見而玩忽相加丈人之荅何其倨向不見者而驟揣其見四顧蒼茫子路之問何其迫傲欲見者而竊笑其不見一言責備丈人之荅何其閑（妙解）雖然子路以夫子為夫子丈人或別自有其夫子未可知也（妙語）倘丈人亦向子路而致詢曰子見吾夫子乎度子路亦必以孰為夫子應耳然則丈人誠不見夫子矣轍環不倦在夫子與子路豈真無事而漫游躬稼不忘在

夫子與子路豈真有田而恝置丈人乃以是為疑為諷此亦道不行之一驗也或曰丈人固不失為勤四體分五穀之隱君子云

子見夫子之問熱極孰為夫子之荅冷極以熱形冷以冷形熱精情景如畫　瞿幽穀

点題得神　翻轉有力好

子見夫　丁

子見夫子乎　張英

執途人而問之見聖之心迫矣夫夫子之見與不見而何以問之丈人也子路於此其有迫於見子之心乎遇丈人若曰天下事之出於意外者何多也方屬追隨之際而忽成意外之睽違何期轉盼之間而又得此意外之邂逅則我意中之人正不妨一詢之意外之人而我已失之意中者子未必不得之意外爾想我之侍夫子也曾幾何時而遂已瞠乎其後矣悠悠行邁猶冀伊人之在望而孰知倚杖而徘徊者僅有子也則我之見子也固我之不幸也想夫子之去我也又幾何時而竟已忽焉在後矣皇皇至止方嗟四顧之無人而不謂

荷蓧而躊躇者，猶有子也，則我之見子也，又我之幸也，日之夕矣，馳驅之勞苦，在我固有所不敢辭，天實為之，猶示之殷勤，在子亦有所

（偏○自○生○浮○妙）

不容吝，且以尋常行道之人，而縣詢之吾子也，則我之問也，似迂而

（此○從○夫子說）

要非所論於夫子，冠則章甫，衣則縫掖，即儼然之值，未有不遇之目

（莊○浮○奕○張○見○浮○好）

而志之心者子也，往來南畝之間，亦曾見有義〻道範，駕征車而過

（究○然○說）

者乎，抑以素昧平生之子，而遽問以夫子也，則我之問也，似驟而亦

（此○從○子○說○使○不○含○）

非所論於子，泳游於斯，作息於斯，即遽然之人，亦可以無心得而有

心告者子也，勤劬稼穡之餘，亦曾見有雍容車騎，望前途而進者乎

（又○借○行○藏○生○見○子○波○瀾○對○針○隱○若○有○）

使吾夫子而際明良之盛，則彼都人士，且樂得而見也，而已非其時

矣驅馳道左吾思孔之見夫子亦猶予之見吾也見所未見豈遂忘之而可蘄我以當前之語使夫子而深巖谷之懷則凡今之人又誰得而見之也而或非其心矣跋涉關河夫子或未必見子子未必不見夫子也見與未見子自知之而忍聽我以岐路之悲子見夫子乎丈人何以處此

子路意中只有一夫子至丈人之不曾識夫子子路尚未及想到子路口中亦只有一夫子至夫子為人之通稱子路亦不暇計及寫出一種急遽情形唐突口氣來令人頤解用意用筆淳樸諧之妙故通篇無一語復疊可法

子見夫子乎　　焦袁熹

見所見而問、不知其失問也、夫不見夫子、乃見丈人、遂以見夫子問丈人、此于子路自不得不爾、而豈意其情事之有變也哉、想子路之從夫子而後也。心所欲見者夫子。至如目前之人紛然往來如弗之見也。然而不見夫子則不得不皇皇。然執一人焉而問之曰子見夫子乎否乎。蓋目前之人紛然往來者衆可問也。而適有一大人者荷蓧以來前也。遇丈人則問丈人。豈有擇哉。其問之之辭。則豈不曰吾從夫子而後來子也。吾後夫子而來見夫子也。吾來見夫子而乃見子也。吾見子而吾欲有問于子也。子見夫子乎。夫子而行適此見夫

（先寫逢問之景）

（原評：落盡此氣自可放人）

（又然適出）

子之行過此者必自有人而子或其人乎夫子先吾而行過此見夫
子之先吾而行過此者必大有人而子或其人乎子不見夫子他人（講）
（之半）
定見夫子吾不得而知也他人苟不見夫子〻或適見夫子吾可得（即合）
（略綮）（即緊）
而問也子或見夫子而無心乎夫子雖無心也而豈得不見也子試
（更緊）
思之轉瞬之頃不應遽忘耳子或見夫子而熟睹乎夫子誠熟睹也
（各含氣中宛作千）
是所見已真也子盡言之卒然之會似非偶然耳然則吾無多求于
（端有神筆也）
子矣非見夫子即不見夫子〻必居其一矣然則吾將取決于子矣
見夫子唯子不見夫子亦唯子吾不能逆料矣然則子亦可以片詞
（原批其似從來絕）
而決矣見夫子則曰見夫子不見夫子則曰未見夫子吾無落子事

無一事者。原批：極有刪文，不必一呼不差。

予懶慢吾行矣吾從夫子而後夫子也吾後夫子而欲見吾夫子也吾欲見吾夫子而何幸見子也吾幸見子而吾欲有問于子也子見夫子乎夫此誠子路之不得已也遇人則問一若道途之常事耳而豈意夫子之云八丈人之耳而爲之大怪也哉夫大人隱者也藉令早見夫子當不至此而惜乎其終不見夫子也原批：一結悠然深遠。

前有絕調不妨别出一奇。　自記

急追迅擒篇如一句當時一見即問一問即行不復他顧神色至今紙上遺響未收也

[illegible]行書歸雅集　論語

子見夫子　見之

趙禎美

隱士未嘗見聖者，正聖人之所樂見也。夫丈人以不欲見夫子者也，乃子路以見問，又以見反，非以隱者而不忘情耶。今夫避人之與避世異也，其心不相謀也，其人亦不相見也。乃或邂逅遇之，或不忍邂逅失之，則皇皇道途者，彼此又若而相見焉，如子路遇荷蓧丈人也。（虛摹隱者并扣住各見手眼絕高）聞之楚蔡之間，號多隱士，常自托于農家者流，不欲人之見之也。丈人豈其儔歟。觀其有荷，則必勤四體也，分五穀也，又必見當世之不勤不分焉者，心竊非之，以為不若吾人之自食其力主，倘徂吟為可樂也。何子路以見夫子詢也。今夫音容素不習也，行蹤亦靡定也，適

然而來倏焉而往雖見夫子亦孰知其為夫子植杖而芸丈人意甚
倨子路心益恭有不覺其拱立焉者雖然行且獨矣不無窮路之悲
曰云暮也未卜安身之所何意止宿者即丈人也食鷄黍而見二子
領著句即題反面意
者即丈人也子路即未及見夫子亦曷嘗須臾忘丈人哉明日行以
襯二句使不豈
告其告也子路以為隱者也惟夫子亦知其隱者也乍遇而忽之越
宿而忘之非子與子路意也反見之使誠欲使丈人之知為夫子即
挽筆宕然
如見夫子耳一斯時也意必重修賓主之歡復聚家庭之樂以為曾宿
韻絶
之客又來也否則必申之以四體之勤五穀之分庶幾與乎偕隱也
孰知丈人不爾則丈人終不見夫子也

評

蕭灑出塵○皎若臨風玉樹○君身故有仙骨○提挈開合處不煩繩削其天然高也○

子見夫

趙

子見夫子乎

鍾世芳

心疑見聖者遇所見而即問焉夫子路迫欲見聖則無之非見聖者矣逴計丈人之果見乎昔子路從遊而瞠焉在後斯時茫然失次心口囂訝不得見夫子得一見夫子者而喜矣即得一不見夫子者疑以為必見夫子矣遂率爾而問曰子見夫子乎若揣吾子閱人多矣徃來行人既已心焉數之矣夫子休聲遠矣君子至斯未嘗不欲見之矣當途之人不知道旁之人或知吾問子耕餘之暇曾見有人焉羣然和從如吾夫子者乎避近之心事難知避近之音容易知子試思顧瞻之間爾見有人焉岸然道貌如吾夫子者乎其或悵望吾徒

所躊躇不進。則有行道遲〻心急足竄之狀。此時之光景可念也。而

降上心字雖知句妙在抑仍是在外面說

亦後更可思也。抑或軫念時艱而憂慮見色。則有行邁靡〻如醉如

手宕有餘韻　此二股先摹寫夫子倒找子見意

疑之象當時之靦面或忘也。而罔聞自可想也。一爾此際心遠地偏。則

奥妙　一股又從子路說

荷外間觀既非若城市囂塵難于識別。而夫子適逢遇。則萍蹤遘

曲盡　此股又從夫子說

合又非若生平握手必待相知。由幸矣而得以假途于子矣。倘其去

此二句

此不遠則相違不過數武間可轉盼而來。即或見之良久而先後共

此一途猶可尋蹤而至天安知非天假之緣而使見夫子者指示夫

如話

欲見夫子者乎。呼此正子路之所謂情不自禁不暇擇人者也。

當途不知道旁或知心事難知音容易知當時可念去後更可思

靚面或忘困問有可想去此不遠轉盼可求於此一途尋蹤可至等語如自己立于道旁而看往來之人細了寫其景狀故作文必須設身處地摹寫出來

子見夫

鍾

子使漆雕　一節　方苞

不自域于所能信者聖人之所許也蓋仕開所能信者也更有所為未信者而開自此遠矣子之說開亦猶使開之意也夫且學者之才分易知者也而其志趣則聖人亦有不能盡知者矣非不盡知也所志愈大則其自信也愈難是聖人所不敢輕以望之者而其人已見（高淡）及此焉則向之所得于其才分者又不只言而無愈之望且自此始矣子之以仕使漆雕開也蓋謂吾黨之學非徒使之自有餘而苟有所施即於世不為無補子之于開固自以為得之矣而開則曰吾斯之未能信噫開不自信而子之信開者果安在哉蓋才分已然者也

子之使開實有其可信者矣而志趣未然者也開曰未信又實有其
难信者矣蒼卒以就功名嘗後世苟且之行而古人無是學也不出
闈之所未信者知此
戶庭以終其身而天地之變萬物之情悠然在吾之心目故一旦舉
而措之而不啻行所無事也苟臨境而猶躊躇必其先故有不能自
氣象
必者矣慷慨以自期許亦豪傑濶疎之病而儒者不必然也吾誠不
高渾
欲苟于自待則天民之行大人之學可默以自驗其盈虛雖師友之
朝夕與居而不必使知吾意也苟相就而商出處則此中固有不得
愈淡愈深
不自明者矣異哉開也其心之所不自信者雖聖人不與易信道篤
而自知明也其心之所欲自信者雖聖人不及知自待者厚而所思

者遠也。夫用舍行藏子于顏氏子之外無他望焉不謂此意乃日往來于闇之隱私而將以進取也則向之于闇淺甚也而能無識哉非然才分者已然者也而志趣者未然者也故闇之所學亦終無所考于後云。

獨見此題真際雖熙甫正希為之減色思白文止而下不足言矣

韓慕廬先生

落落數語已盡大意韓祠語

此題自來無佳文非靈氣抱負非常安能推勘及此戴田有

子使漆雕開仕

江南張學院歲考　無錫縣學一名　孫祁雍

聖人不意當世之心，於使仕見之矣。蓋學優而仕，古之道也。以仕使開，其欲吾黨共以天下為己任乎。嘗觀天下之治亂，視乎聖賢之行藏。而聖賢之行藏，決於平居之數學。春秋猶仕，不在夫子而道在焉。仕則人之所視為用舍也，通則我之所以為用舍之以我之所以為用舍。而考之吾徒，嘗於使漆雕開仕見焉。夫漆雕開之在聖門居何等也。漆獻不聞擬聚由為宰，不聞擬於求與賓客言，不聞擬於公西赤。猶循循然，遜志學道人乎，非急當世之知者也。夫子之旣漆雕開何如人也？未嘗有為邦之答如顏淵，未嘗有南面之可如仲

号未嘗有爲宰之使如原憲雖或成德達材類乎亦非必遂繫天下

之望者也乃一旦以仕使之何哉或曰古之學者席珍以待聘強學

以待問懷忠信以待舉力行以待取仕亦士君子所宜究心也或曰

布置方雅

古之卿大夫孑孑干旄在浚之郊孑孑干旟在浚之都使仕亦非自

夫子昉也抑猶行古之意也雖然仕則豈漫言使哉必也宜於古亦

宜於今而後可以使必也知其經亦知其權而後可以使必也有立

體致用之學夫有因時順應之能而後可一使仕則豈漫言使哉不

二股議論精[illegible]

知聖人教人出與處非有二也自身而家而國而天下莫不有同條

共貫之端故其學則格致誠正其治則禮樂政刑凡修之家而獻之

廷。者皆有本末先後之宜。為教之所必及。維之使開。夫所以為教焉而已耶。聖人使人慮與實必有考。由虞而夏而商周。莫不有因革損益之異。故富之則貴。助微罪用教之。則庠序校殊。雖凡量而入而量者。皆有淺深。優絀之數。追人以自考。茲之使開。夫亦先教其考焉而已。不然。真道可學。僕勤三月之施。用我與期。純切有成之想。率二三子志趣之志。學舞之樂。而又不與深求乎仕之道。則夫子思。終愬然於天下矣乎。而孰知漆雕開則已有見其大焉者也。

胸有卷軸。而勁筆足以達之。古音鏗鏘。不同凡響。原評

發使仕處。直將用世本領全副寫出。并下未信子悅。兩層意都函蓋在此矣。老蓮深耕幾學所無。

子是之學

古歙堂集　董紹文

學有深足異者以所學即所膺者也夫許行周公所必膺也相
乃以是為學孟子能毋深異之乎且中國以周公仲尼之學為
學凡學者惟知學其所學而未聞有是之學也乃不以所學為
學而獨重夫是且棄其學而學而專習夫是是豈不欲脅天下
而學之乎特不能不有異於子矣觀魯頌所言而知許行固周
公所必膺者也夫膺之而尚可學哉學所以治己而捆織之為
豈足為身心之助則是固吾人所不為而子乃悅從若此乎學
所以治人而並耕之說詎足為施措之經則是又聖王所必斥
而子乃欽佩如斯乎子之於是固將盡其學而學焉而吾竊不

能不為子計之使是而有益於今時則子之學亦曰為今時計耳乃異端曲說已莫是京矣而猶欽佩維殷則是彼已覆其前轍子復履其故轍使是而有裨於後世則子之學又曰為後世計耳乃怪誕不經亦不是過矣而尚追隨恐後則是彼已開其先路子即步其後塵是豈不自以為是乎而是之得以肆其說者亦幸生三代以後不見黜於周公也使見黜於周公則是亦自知其學之非而不致貽害於子子豈不欣得所從乎而子所以受其惑者亦不幸不生三代之時得見正於周公也使見正於周公則子亦自知所學之非而無不深惡夫是且蕩蕩難名者莫如堯堯亦不聞若是巍巍不與者莫如舜舜亦不聞若是而子乃不法乎堯舜而法乎是是豈荒遠無稽之語足以聳子

之聽而奪子之操乎吾不能為是姑容者尤不能為子曲諒矣身親稼穡者莫如稷稷亦未聞若是敬敷五教者莫如契契亦未嘗若是子乃不慕乎稷契而慕乎是豈隱僻詭異之為足以愚子之志而汨子之真乎吾不能不為是痛懲者尤不能不為子深惜矣蓋亦不善變矣

筆意警醒竟體清華切實發揮無懈可擊

子帥以正孰敢不正

古田縣學一等一名 丁熊瑞

上以正帥民民自戢其敢心矣夫民之不正敢心為之也誠能帥之以正焉而民有不正若誰乎今夫宰治者以法治尤貴以身治以身治尤貴以心治上下之間未有不相喻以心而能共趨于蕩平之宇也然心不可見則必以身呈之上以是為倡者下即以是約剌直足動閭閻羞惡之原有不敢阻吾聲教者斯太夫之化理有專屬矣如政者正也非先一人而自立于正不可以為政非合衆人而共出于正亦不足以為政政固正已而正人者也然而今之民多有不正者何哉其一由于無所恥心無所恥則邪僻之行

試草　芏

皆相習為固然。雖文誥徒煩。究不足駭其秉彝之感。其一由于無所畏。心無所畏。則履蹈之間。皆不遵乎規矩。雖懸書屢布。究不足動其寤寐之良。是則民之不正。敢于不正也。吾安得不念及于子以子。居三事之班。固有父母斯民之責。則民之多煩。須其咎豈盡在民乎。試觀鄉黨有自修之士。薰其德者猶為善良。可知化民成俗之方。不于百姓驗從違。祇于當躬徵淑慝也。是在膺司牧之責者。以身倡之。以子負浚明之望。又有轉移斯世之權。則民之無良其過豈僅在民乎。試觀典型當既往之餘。慕其休者猶知興起。可知淑世宜民之事。欲收成效于百年。祇握權與于一己也。是在操臨馭之權者。以身先之。果帥之以正焉。起視斯民。謂猶有不正者。孰敢哉。是故以刑驅之不正。以勢迫之不正。即以言感之亦不正。惟以自正為正。人之準則。其正有不介介乎者。以智取之不正。以術馭之不正。即以恩結之亦不正。惟以已正為物正之原。則其進有不疾而速者。蓋四境之耳目。萃于一身。先大夫兩社之勛。父老能言其畧。今乃復獲于聽覩之餘。則俯仰感明。其敢自安于民莠也。縱有迷。須孰不激發其恥心哉。古聖王所謂帥天下以仁而民從者。即此道已。且一國之性情。係于在上。我國家泮宫之化。至今尚在人心。兹乃復遇于神明之感。則上下有孚。其敢自外于風教也。雖

多強悍孰不共肅其畏心哉古大人所為正一身以正百官萬民者即是故耳子欲民正亦先端其所帥焉可已

賦得周禮猶醵　丁熊瑞

大裕崇禋祀曾稽禮在周却如醵聚飲恰好旋相酬坐立徵殷夏虔恭獻晁旒通微情款欵逮賤意悠悠錢斂知無異觥交信亦猶子輿參妙解比擬最能侔

子帥以正　焉用殺　吳化

無欲以正人，殺可不用矣。蓋民之敢於不正而無道者，上之欲亂之（題旨）也。康子乃欲以殺為政耶？嘗謂善為政者，善帥民者也。主範立而后（題尾）（文義宗中間主意）側弗及，側消而兵刑氓，此固非名欲之朝之所得以奏其理也。一皆禽（扣殺字）（照無道）大夫秉下好殺於也，欲以己之不正驅民以正，亦思民之所以敢（翻題即串扣欲字）（扣以不欲作正字替身）於小民者，安所勸於上之不正，而以貪帥民乎？入民非至無良也，是先王先公之所輯禮樂教化之所漸摩也，苟其清心寡欲以正帥之，將勝殘去殺之治，不難再見於今日矣。顧其所以敢於不正而相聚為盜者，非康子之不正帥之乎？中軍舍而竊於國矣，三常七而竊於家矣而且三叛人來則又以竊藏竊而為盜之招矣其無道實甚其為魯國患也久矣季魯公積弱君權不振故得以苟延旦夕耳設一旦有明王以警官邪如康子者宜其殺也何也為政而不以正帥之所乃不思已以無道而專以罪民不思已之可殺而欲以殺民嗟乎夫非為政者乎而用殺乎殺非為政所恐威殫者民驚也故嘉師必撫以祥刑一身實為政之本表端者形從也故康又必歸於係亦大亦曰帥以正而已矣子之再三為康子告也豈非以獨正倡衆下以有道化無道而要其本於不欲也哉不然已則多欲身不正而以無道帥民而欲民之有道而正也雖殺亦奚以為

不正為盜即無道也而總起於多欲用擊中法最合自記

子帥以正

子庶民也　　庚玢

庶民所宜愛也，經久有以子之矣。蓋父母之於子，未有不愛之者也。視庶民猶子，所以永垂為經哉。且吾嘗誦詩而見夫詠樂只者歌豈弟者，不知上何德於民，而民乃若此歡欣而冀古昔盛，特其君以父母自待其民，亦以父母待其君，故不獨當世榮之，而至于今猶相與沐浴涵濡而樂道其餘，赤子之慕于無窮也。自修身以及朝廷，經猶未已也，又有所謂子庶民者焉。庶民雖愚，猶人子也，可令其日就顛連而莫之省憂乎？且使吾實有子，而亦與彼顛連者無異，吾心其安乎？庶民雖衆，盡人子也，可聽其絡繹安樂而猶謂無傷乎？且使吾實有子

（戴子字之祈蒸黎敘少）

而亦奠其安樂而不能為心其忍乎非必託乾父坤母之義而四海
雖遠皆吾一體其賢而知者吾之肖于也其愚而頑者吾之不才于
于字○撥○剥○奇○妙○無○非○即○目
也即有時督責頻加亦祇以將其怙恃而君人者復何學而何薄焉
非必有觸毛離裏之恩而億兆雖紛皆吾一氣其令行而禁止者吾
之順于也其後頑而後逆者吾之傲于也即有時嚴威兼用亦祇以
中○二○股○丁○寧○合○盡○無○民○諸○世
令其藏後而君人者又何優而何紓焉雖天性之子聚于庭幃疎逖
又○發○出○無○民○數○語○合○同○而○化
之子幾于萃然有不同者其地而無不同者其心也分吾愛子之
心以偏及于疏遠而遠亦吾子近亦吾子而已矣雖帝王之子尊為
儲貳閨闥之子隸在編氓然有不合者其分而無不合者其情也推

吾愛子之情以術及于庶民而貴亦吾子賤亦吾子而已矣吾又一人有數千焉而其中偶有一子之失所則必欲慨于我生之不辰寧（二發自人各親其親然後不獨親其親猶古）庶民而或有缺也以一人之獨于其子者子之所謂散一公于萬國而不形其不足眾人各有千焉而其間偶有一子之未安則必自咎其調護之非特爲庶民而謀可遺也以眾人之各子其子者子之所調紡萬國于一心而不見其有餘乃爲天下國家者誠體是經而行之庶幾元后作民父母哉

只作于愛爺陳熟寡味直就子字實發中二股運化兩鉤都成才語後兩股波瀾更闊具此才致無陳非奇無熟非新

第四冊　卷十一

子貢曰必不　二節　徐登甲

兩策所以濟變者惟信在所重也夫信者生人之所自立故兵食可去信不可去也今使立國者矢悃忱之衷而告之民曰爾無我虞我無爾詐而無無所用食為無所用兵為此君子之所難能小人之所不能也以君子之所難能責小人以必能勢必至於無民無民則國亦蔑以立然而夫子以是答子貢之一再議去何也民之須信以生也處常道宜如此也風忌謗詐聖賢必欲登之於淳龐之世吾握善經焉為其有備而無患固為久安長治之規也已矣民之須信以生也即處變道亦正如此也事難萬全聖賢不屑行乎權宜之術第握至

要焉令其舍彼而全此則為拔𡧍定傾之策也已矣且昔先王之於

人家振第

民也藏賦於田什一而稅猶且謹庠序申孝悌用能上下相孚浡亂

時信字餘文兵食而節都有閑會

不作疑詐不生今則時去勢迫智盡力竭而頑鰓鰓焉議兵議食縱使應募而來亦終以食盡而散耳由是觀之求生則害信舍生則成信子焉而死其父臣焉而死其君奮臂一呼饑病皆起則制梃可以

而節含驗關閑盡致

撻堅利荷鋤可以禦戈戟而大節在三方且君存與存君亡與亡斷斷乎其毋苟免也子焉而欺其父臣焉而欺其君戎馬在郊億萬離心雖有人民而籍寇兵雖有倉廩而齎盜糧將四維不張三綱淪九法斁雖靦然人面哉幾何而不為禽獸也是故必不得已兵可去信

不可去也。即萬〻不得已。食亦可去。信決不可去也。何則。死者古所不免。信者民所以立也。夫自古力役有征。粟米有征。豈以倉皇廢國事哉。然其肫懇之誠。未嘗不白於民間。而持竿以應。裹糧以從者。蓋信之入人深矣。否則去兵而民懼。去食而民畔。余恐生民自立之良不能保。旦夕危急存亡之秋也。

題義完足。回天手腕。

一氣渾成。渾是古文鎔結。所謂曹公莽〻。古直悲涼者也。　業師戴黍邨先生評

提重信字。徹上徹下。使兩節不紐自合。胆識固自卓絕。至其詞義宏闊。真足砥柱乾坤。

子貢曰君子亦有　一章　河南張宗師歲試　王光

歸德府學一名

聖賢均有所惡以警世也夫天下固多可惡之人然卒少用惡之人子貢與夫子分以有惡警世哉今夫善善明其長惡惡明其短此其說固然然而姦必誅心可誅王者不察夫兵刑儒者獨留其性術故天下能好人者無不能惡人何則食味別情人道本非異類惟處心於堅僻則得夫而闢充戾之氣而面目可憎民彝物則天德豈假人謀至浩譽於矯揉則失乎千古名實之宜而舛所如見子貢曰君子亦有惡乎夫君子亦自有所惡矣君子何惡則綺人惡下訕上勇無禮果而窒者是長于輕薄忠厚何存任其恣睢

五科考卷勦經集　論　顧

血氣澌制其愚者望而畏之其知者指而戒之之人也若子固莫能容也乎曰賜也亦有惡乎夫賜也亦自有所惡矣賜何惡則徼為知不孫為勇訐為直者喜色取行遠勞心作偽逆情干譽欺假不歸不知者尊而重之有識者避而去之之人也惟賜實不能平也一統此數者而合言之以刻薄之天資佐以邪回之學問以縱橫之材加之以陰狠之心惡於彼於此其類區以別或陰或陽其失異以時發茲萃於一身則書冊既患其無窮猶使集於一時則同惡更受其根深豈不深可惡哉嗟嗟論斯人之我與本宜一視而同在天下而受可惡之人也則聖賢之所目擊而心傷也一睹奸慝

（無不畢具可惡自淺至露）

（窮形盡相如鑄鼎象物態態態）

（結惡字正）

（咏嘆之比）

之孔彰。忽聽其公行而無忌。天下而少用惡之人也。於聖賢之所（意無）

長慮而却顧也。雖然用惡豈易言哉。理不窮不知惡。性不盡不能（補出本領）

惡。知人則哲。如日月之明。去疾務盡。有風雷之勇。是在君子。

筆挾風霜。詞成燕鍔。原評

字字峭厲。筆筆鋒鋩。以此為若輩爰書。老吏不能易一字。倪弁江

子貢曰君子亦有惡乎　一節　順天　王雲錦

証所惡於聖人、歷指之而見用情之公焉、夫情有公惡、惟君子爲得用情之準耳、指所有而歷言之、子蓋爲用惡者樹之則哉、且持世而至於用惡、聖人不得已之苦心、顧第執渾厚之說以相觀而不深核其是非之實、彼人之放言不顧、恣行無忌者皆得侈然自鳴于天下、此有志者之所深憂、而因及門進說之時、可大白其意于斯世矣、今夫樞機交慎、而切與人爲善之心、篤尊君親上之義嘉會以合、禮果確則無難、斯之謂君子也、君子豈不樂世之共勉爲君子而一旦子貢以有惡問者、伊何說哉、達士擅方人之識、好醜已歷辨於中而草薄停澆方欲得聖論以挽頹風之敝至人切維世之心坊表自顯彰於外而悖凶脩吉正得窮物態以明勅法之嚴蓋自可惡者日星於前而君子之不能相安於無忤也久矣（彈穿四者字）則有稱人之惡者一眚何傷大德而明徵其罪交遊之請絕者已（實發精湛）多略迹或可原心而故實其詞英傑之得伸者蓋寡積毀之銷骨也亦甚矣而能勿惡之則有居下流而訕上者緣放廢以抒積憤雖心情過托諷刺倍烈於謗書甘斥學以議朝章而詞旨乖違被歷何關于言責訟言之險膚也亦甚矣而能勿惡之至於剛毅所以近仁有勇原足尚也乃壯往既在事先而調劑未宜早釀成阽

夫之罪激越不居人後而經曲素暗遂占為夫子之凶蓋有君子之惡而無禮者可以自裁矣貞固足以幹事果敢亦足多也乃未揆利弊之原而銳志於勳名即勢潰而無改圖之意兩托是非之界而堅持其臆見雖功成而傷論世之心蓋有君子之惡而窒者可以自返矣若是者唯君子乃有斯惡也肆與妄隱中於其微則本之已漓而謬戾恐在背常之列所始由一人所失即由一日也迹其言辨行堅在當局方冀遁逃之偶倖惡之名自君子出之而天下始共明其有弄然究非君子之獨有斯惡也已與人勢居於而損則害不可究而擯斥非關苛察之私所兆在一時所染將在

一世也迨至遷流敗壞雖愚者方共指目以相識惡之理人皆有亦字

之而君子乃亦從其同耳君子用惡之正有如此也如鼓石出火星光躍然妙

不偷乘不貪多題中虛實正復阬谷俱滿巉刻之至捫紙起稜

子貢曰　王

子貢曰君子亦有惡乎　一節

順天　方煒

稽所惡於君子皆顯悖乎道者也夫惡豈君子所樂有而正不能無所惡也子貢問而夫子歷數之非深有維於世道歟且自刻薄

直○捷○遒○堅○

乃念積於中而亢戾之氣形於外此人心所以大可懼也懼之至斯惡之也深大聖人與世周旋惟是平其心以順應而斷不能強其心以逆愛蓋其持論嚴而用意厚矣子貢方人久矣以彼習見夫世俗可惡者之多而隱挾一不能無惡之見遂毅然曰君子亦有惡乎天度包荒之說可以處天下之庸愚而概施諸奸慝則有所難安君子豈不樂人之皆可與而猶必嚴以區其類者大為之

綱○絡○牽○流○呼○吸○萬○里○

坊民猶踰之也宴婞自用之夫力能禍天下之名義雖見擯於仁賢而有所不顧君子豈不知其人之不足教而猶必明以示之懲者直道而行三代之公也子曰有惡蓋自世不盡君子而紛紛可惡者正不一而足矣如惡者萬物之所共嫉也而事必明其所屬其在已也可愧其在人也可寬矣乃漫無關切而謬託傳聞非有

老練

勸規而妄資談笑君子樂道人善稱惡者特反而用之如上者萬

題句字字咬破

物之所共尊也而我適承乎其下其居既使之然其流即從以別矣之地本庸才而遽形觖望分無言責而輕肆謗書君子勿欺而

語必鎮紙

犯訕上者時竊而行之惟勇可以起懦惟禮可以息爭其道貴乎

兼齊也一出自血氣之勝而先王辨等列習威儀之大經若不難於自我違君子從心以矩豈有是哉如是者謂之無禮一有不必果（惡情）而果乃無難有所不敢而敢斯有濟其道患乎專狗也一出自意見之私而聖賢順人情度時務之大計皆欲屈而從我法君子應（排棄以盡其理）物以權豈有是哉如是者謂之窒之四者其起於氣質之偏則乖戾之所中已深而無復造物祥和之氣其成於學問之失則囂淩之所染以漸而是長斯人怨亂之階君子之惡非是之有而於何有哉蓋惟情罪顯雖忠恕不能為隱小人之無忌憚至於昭然衆著所為交際事為之地而不遑恤將天下豈復有人情准名教重

則刻責自不容輕中古之生憂患惟恃一二端人持其邪說暴行之戒以作之閑將百世庶幾有治法子貢之惡猶是春秋之志也噴薄大包孕深日光玉潔之神鐵畫銀鉤之力真足挹羣言而下之

子貢曰　方

子貢曰君子亦有惡乎　一節　庚午江西　朱能恕　元

觀君子之所惡天下之公惡也夫稱惡訕上則其心險無礼與窒則其行悖此固人所共惡者而謂君子無之乎嘗論天地之心春温恒兼以秋肅帝王之量德賞必濟以刑威學者体此意以與斯世相往來而凡品誼心術之微舉視諸此則貞一己之情性以証大同之予奪即不得高忠厚長者之名以自處於渾俗和光之列也何則自人類之不必盡處於良而吾心即安得懸行其好雖春（泰許不銷析闊惡注語）秋之意善善從長而好醜之形惡惡莫掩此子貢慨然興感也夫君子亦有惡乎而子亦曰固也君子誠不能無惡也事之無關乎

已者分不可于彼巧言簧口諜欲諸人君子讀貝錦萋斐之什而（脩然以遠）穆然思巷伯敬聽之辭焉夫揚善為懷無故不加人以毀而況其為悍然稱惡者括囊是凜同儕不忍議其非而況其為公然訕上者理之度及萬全者情不容驟彼率意徑行往而多蹈君子履冰淵戰兢之懷而惕然思暴虎馮河之惧焉夫慮而後動動乃有臧而奈何有勇而無礼者謀以思成成且有待而奈何有果敢而窒（原評四者字不忽）者是人也言偽而辨行僻而堅日置身於綱羅陥穽之中而絕不萌夫忌憚人心未泯當當天下所共誅矣恐薄積而為凶頑剛愎（原評摠發無一字浮泛）流而為誕妄後混迹于悔吝愆尤之地而曾不自大其創懲覆轍

在前當亦士林所宜戒矣嗟嗟人之無良不得已而用惡君子於此滋蔵矣而卒不諱言之者亦以惡所公惡惟君子而後為能惡亦惟有惡而遂足見君子耳他日着吾子麟經之作在游夏尚莫贊一詞此其意端木氏其知之矣

掃除一切籠罩萬千儼然黛色参天霜皮溜雨

子貢曰　朱

子貢曰君子亦有惡乎　一節

順天　李廷揚

詢所惡於聖人、皆人心之公也、夫君子有所以成其愛而惡形焉、子貢之問豈無說乎、宜夫子歷指其當惡者示之也、且自世教微而天下顯違名理之事恒多其數以相嘗此其人類亦有無惡於

○人○手○獨○見○

○深○厚○

志之內力焉雖見惡所不違恤也而自大聖人觀之常抱其耽然之情謂彼惟不知可惡乃至是為歷數其敗常而深懲其速戾蓋

○造○境

渾厚與精嚴並見已不然則如吾夫子者身不操斧鉞之權亦第與天下相安於酬酢縱末流多遷失夫豈易以空言當寄棘之威況子貢所謂君子者心既蘊中和之養方將使天下共入於陶成

而大道無棄人又豈樂以過峻示風稜之用然而賜以有惡問子即以有惡答者豈非方人之素志久習觀夫紛紜而能愛之微權

五嶽泥方寸

半相深于懲創矣乎今夫人言不可妄而律諸君友之地則尤嚴氣無可矜而束于理義之防則無弊若之何有稱人之惡者不過事之偶失輒以蓋其生平若恐人之不知必欲求其衆著隱揚之

貫穿以萬有

道泯然矣而不特此也古今來游談自喜之徒率有名動鄉閭而漸至議朝家之是亂柱史之真者是豈忘其爲上下乎而竟敢肆其訕焉非有忠臣義士之心欲關孝子慈孫之口蓋一則淆甚於同群一則倍行於君父矣一若之何有勇而無禮者恃其材之甚武

將動履不讓人先明知法所共遵若節文非為我設秩敘之道蔑
如矣而不特此也古今來血氣用事之輩且有偶憑權藉而因以
行斷制之私貽經術之誤者是何嘗不稱果敢乎而已無解于窒
焉豈無典常作之師謬為盈廷執其咎蓋一則好勝而不知止一
則賈敗而不可行矣亟四者君子惡之探其原所以塞其流責其
已遂之非即以開其自新之路則以斯惡為君子所獨有可也即
以為人皆有而君子亦有之可也情不本乎其同君子原無偏憎（醒）
之理惡殺生人之故好議論或適以戕身輕作為或適以僨事不
（意新理愜）
必其可惡之端遂加諸我而怨府所盈人人得以嫉之子誠不勝

悲憫之懷而卒難進衆怒以寬其格葢雖惡之而猶有深衷焉而
春秋筆削其寓焉者也事不關乎其大君子寧爲刻核之條曠觀
并注下節
物變之緐聰明強幹非一人僞辨堅僻非一事夫安知可惡之類
筆貫五文
遂止于是而弊端最著數者足以盡之子惟不存逆億之見而特
佳妙
舉四罪以儆其凡葢至惡之而無非厚德焉而兩觀聞人其倒焉
者也此所謂以惡成其愛也子貢之惡不可進而相質乎
他人寫惡字皆作金剛努目此獨爲菩薩低眉慮必周詳語皆
至極須彌之入芥子寶蓋之覆三千

子貢曰　李

子貢曰君子亦有惡乎　一節　　順天　李蔚

維世有深心、可以知君子之所惡矣、夫使無君子之惡、其流將有不知所極者、即所惡而遞數之、賜可以知君子之惡、人亦庶無見惡於君子哉、且是非之理、必正其論於聖人、舉天下皆行其是而（清緣）誅意之權、可以不設矣、故權之所寄、聖人非樂為刻覈也、天下至大苟不問其所施者何人、所處者何事、而顯然肆意於其間、卒又安得倖邀寬假也乎、子貢以有惡為問、蓋其本方人之素、確有見於世變之孔多、而存直道之公、隱有感於至情之難恕、故欲於君（立筆渾成）子審所歸乎、夫君子之惡、亦正不同矣、樹風聲於有位、斯彰癉皆

靈故移遂移郊奕世猶凛先王之法存直道於吾儒斯善惡難假
故防微杜漸天下莫逃一字之誅子曰有惡益閱世之情與維世（老幹）
之志俱見於此矣今夫曖昧之孽君子不言誠重乎人之惡也奈
之何有稱焉者百善而一不善心原可諒於人間經一人之指稱
縱末途晚蓋生平遂若有定論之存蓋釀友朋之釁而遺子弟之
戒者必此人也天澤之分君子必辨誠重乎上與下也奈之何有
訕焉者有隱亦可有犯義原莫解於斯人苟誠悃之無關即靖獻（訕字細至）
從容腹誹可卜於面諛之頃蓋翹君父之過而流怨謗之吏者必
此人也至若害上不登明堂知禮而勇斯可貴千里應於一室無

室而果乃有為茍任血氣之剛而弗嫺大雅無人言之恤而自負多能古今來緐騖足以撓舊典堅僻適以誤蒼生者夫非自謂勇與果敢也哉莫大於人心之蠹而名教為先為其有所頗於世必（天○槊○人○造）有所禁於已也夫身世酬酢何在可容顛倒之區乃刻薄成於天（意○之○句）資而強悍拂乎人性是即明示以分義難干防閑宜撿而蕩然無存直錮蔽於本原而莫之或覺稱此以求安可究詰君子於斯凜然有人心之懼焉莫重於風俗之靡而世道因之為其有所為於此必有所效於彼也夫倫類紛紜何事可任性情之處乃責於人（曲○折○停○抗）者不計所安而出於已者恬不知怪是即曲恕以習之所染性之

所成而實焉罔忌且浸淫乎一世而莫之或知解說無從責備何事君子於斯惄然有世道之憂焉能勿惡哉賜於此可以知君子之所惡矣

瘦削極矣却有一種渾厚之氣鬱積流衍包一切掃一切

子貢曰　李

子貢曰君子亦有惡乎　一節　　順天　汪　槐

即君子而究所惡之實、皆所以持世也、夫稱惡訕、上無禮而窒事、不同而為世教之累則一也、君子能無惡哉、今夫疾惡太嚴非所以論含容之度、然正惟不好為其嚴、而凡嚴以責人與不能嚴以正己者、皆有以顯炎其本懷、而不容已蓋品類之雜、君子既不能盡人而正之、亦示以一人性情之正、絕其端於不得逞而已、春秋之時、是非員一、謗訕公行、青蠅賦構讒之詩、臣子失在三之節、一二矯行立名者、行并植於國而卒辱其身、求不食其言而終傷於義、夫子修春秋而寓譏貶誠惡之也、子貢殆有感焉、因以君子為

追風入廟

新科鄉墨　論語

質歟夫子曰謂君子為有惡豈得謂斯言過哉今夫人豈必盡可
惡君子亦豈必獨惡於人而人心世道之憂則固所凜凜者也昔
者盛世之民責人者輕以約責己者重以周空山不上處士之書
輿隸不聞詛祝之作以法相序明堂無氣矜之隆以信相考一身
無壯趾之咎君子景仰其風不可得矣自夫人行之不能立而後
（搜根抉源妥貼有力）
（排奡）
肆意於寓言貞之不能守而後假途於豪俠議論互淆積毀不能
辨矣小人用罔本原有弗遂矣心已不靖從其說遂可以為非意
縱無他任其偏亦足以病俗子蓋積所惡於中因賜言而益有觸
也則試合考其有惡之實分証其當惡之人學問之積不深不能

定一是而悉衆情之謬君子有存於所惡之先者也言必慮其所施行必稽其所敝安在有浮沉羣慍堅執一己之衷而用情之原既治不能任羣類而詭斯道之防君子有謹於所惡之大者也斧鉞非而即等如簧氣質行而終乖大雅故獨申其游言不倡戾習必除之志是以人即有惡我何必稱也上本無過下何可訕也勇而無禮適足以召憂果敢而窒必不能自遂其可惡孰甚而謂君子能已乎吾見古之以勸懲持世者讒口必逐流言務除雄姿特（重規疊）出或致虞禁驁於將來衆論可排且恐貽艱難於後世即或身不（鍛煉適三層）操屏惡之權而閫緒言則戒子弟以遠之聆激論則尊朝廷以斥

之凡淩厲無前之概與夫小善之不可貞者皆氣禀之偏必兢兢以致辨爲事徵諸衆類驗一人之情性於無私理戒其偏陂化一世於和平而不敝凡此皆君子惡之之力為人心世道凛其防而不病其職者也噫觀子言則為君子所惡者可翻然改矣賜默會於此故可伸其餘論歟

結穴

排山倒海之氣涵今茹古之才

子貢　汪

子貢曰君子亦有　一節

己卯順天八十九名　姜紹濂

悉舉所惡之實得君子維世之心焉蓋君子為世道計至切也其有惡而悉舉之何一非維世之心哉且人即不為君子所欲矣

中規矩亦復手

中氣兩

至轉為君子所嫉然險詖在所必斥而剛愎有所不容則凡世之見嫉于君子者要各實有其可嫉之端而不妨顯為列之試為之總按其情而儒者維世之苦衷已昭然大白于天下今夫拂乎心之同然而惡生焉此人情所不免也況膺世道之重如君子哉風氣轉為敦龐則囂淩不作何弗與世相安于淡漠之天乃自古道云遥而習俗移人其事多顯悖乎倫常一披諸嚴峻之中哉深悉

高唱而入有言焉停蓄峙之後無制控對張之氣

階之為厲人情知所顧忌則名義常昭何難與物同遊于蕩平之
宇乃自世途叵測而氣質所任其弊每釀成為風俗雖出以渾厚
之素志亦殊覺咎無可原徵子貢問固知君子亦有惡也子于是
析舉夫可惡之寔而並徵其能惡之情聞之耳可得聞口不可言
君子所以表長厚之風奈何有見人惡而稱之者取彼身心之憾（摹繪曲肖）
供吾口舌之資夫豈有當于忠告之義與蓋其意為己薄矣過
則歸己善則歸君〻子所以明忠愛之忱奈何有居下流而訕上者
非有盡忠補過之懷徒逞怨謗譏訐之口斯豈得附于清議之公（圓折分流自然合節）
蓋其居心為甚悖矣至若勇為天德若予必範之以節文而情

其男而不制以禮則氣以亢而難馴情易激而生變此犯尊犯齒
人抵由于血氣之強也其然鶩猶可容與果敢亦美材若子必通
語多中肯
之以學問乃挫其果敢而或流于窒則志以堅而難化行且訕而
不經凡獨斷獨行大率成于執拗之情也其謬戾尚可問與此君
子所由歷歷惡之也居恒歷無有作惡之心則情偽未呈豈必懸
擬此四端以相待然情觀載籍弊扶私逞質所為流毒無窮者常
備極今古議論英英動人
指不勝屈也君子知譸張凌競之風寔關名教綱常之大故以有
大聲疾呼令言輩毛[illegible]
厚德而非笑不形以戢離心而驕矜齊釋有所惡以大為之坊而
筆伐口誅于以著人倫之範夙昔懷惡惡欲短之意苟微瑕可罵
俱從腎

墨卷滙心集　子貢曰

豈必不留一餘地以相容然橫覽列邦見言辯行僻遂至敗壞相尋者固斷不容寬也君子知流濫狂蕩之習每起一言一動之微故騰口必斥清橫議之源壯趾必懲絕恣睢之本有所惡以默為之惕而防微杜漸即以彰辟世之權君子之有惡如此其所係顧不重哉

義吐光芒詞成廡鍔非醞釀深醇詎易得此煌煌大製。筆潔世兄係余同里而兼至戚知其幼即穎異祖功宗德積厚流光丙子已中副車與家綸客姪同榜今復拔幟而登吟見摛藻彬廷揮毫月殿洵為　盛世羽儀廖古檀

子貢曰君子亦有惡乎　　庚午江西　淩汝綿

於賢者發公惡之心乎人已之私而已甚矣私之為害也人惡稱
之上則訕之於人何毒也至勇而無礼果敢而窒已私不更甚乎
子故於賢者發公惡之心嘗觀世道人心之患其始無過一二人
○以○我○馭○
○默○無○怙○濃○之○態○
刻深之言一二人已甚之事而後遂戕於不可挽焉君子憂之非
過計也益矢口而傷忠厚激俗何堪植躬褻尚氣矜始慎最大但
曰善善意長其如此泯泯棼棼者何已說在乎貢以君子之有惡
問也刪詩誌揚扢之雅茅鴟碩鼠同登於秩祉緇衣則剗懲素切
何往非十五國之風修史謹春王之冊大書特書一任夫知我罪

我則斧鉞維嚴何獨在十二公之紀微子貢問君子固有所惡哉而子則曰惡是不一惡已也三代之直枉在民是非原不可假苟深切斷明勉出之以委婉懷公道安在過言之非忠未議之無補奈何逞如簧者甚余毒也詭非林戚固痾類之必札地本卑微竟尊親之不諱則有稱人之惡與居下流而訕上者此身之矩則莫喻氣質豈容逆倖苟深遂養寧非義理之是貴介節之可貞奈何昧其氣者任吾狂也重剛不中節經曲為瑣屑人情勿近信臆所為張弛則有勇而無禮果敢而窒者吾於是一為人心惧一為世道惧人心之淳朴本自性成有乎情而無逆情安在古今不相攻也乃叵測者假口吾之公

淺嫉憤之隱用壯者徼一時之倖為千古之憂此其害豈小哉且

層層剔楯提為悉字疏粉稍神

夫力能言人所難言氣能勝人所難勝彼其質性之過人範而馳焉則多功背而行焉愈多咎古今來凌轢聖賢誣謗君父外遂倫常侵陵道德者總斯人釀之也君子岌岌乎有人心之懼矣世過之渾穆豈有污隆苟自反而無自恣乃謂三古去今未遠也乃尊刻覈以為能搏擊可以釀清流之禍緣憚然以自好經術轉而為誤國之資此其故詎微乎且夫言出而使人屈其言氣壯而使人屈其氣彼其勢欲之可畏力而沮之謝不能鍾而行之則愈敗

説清尽

今來清議持世庶人上書續用弗成時爰不暴著總此輩倡之也

君子惕惕乎有世道之懼矣蓋忠厚悱惻者君子之所以居心倘（佳處無遺又）人以稱惡者揚美訕上者奉公理乎暴戾學化拘牽進之為斯世之英援之壯吾黨之衛而秉正嫉邪者君子之所以守素苟以其無隱者活名以罔上者行私予聖自負獨斷不疑遇則正闢人之律窮則伏有北之投君子之所惡如此賜其有合焉否也

發奸摘伏一一彈着肝腦不是欲加之罪何患無辭也氣健詞雄真此道中霹靂手

子貢曰　凌

子貢曰君　一節　　陳科捷

賢者有所質以觀君子之心、聖人列所惡　乃有發而必有所惡者、人心也、而君子之用心、又獨有所見焉、故夫子因子貢之問而發之、則以人之狀　謂堯舜去四凶、文王伐崇侯虎、太公戮華士、子産殺鄧析、孔子則誅少正卯之數子者、皆智辨之士、雄驁之才、而不爲君子之所容、識者於此有以窺君子之用心矣、一日子貢侍於夫子、思及君子之心、多主於愛、其不可愛者、必在所急亟、君子之用心、宜忘其於人、而不已於怨者、自先無成見、遂進而問曰、君子亦有惡乎、夫子曰、有之、仁厚者人

太史家塾

太史[illegible]

之心也樂道人之善者固不得而見矣然非有剌舉之專責則見
人之惡在所當隱歷歷而稱之深文巧詆其居心之忮懻何如也
夫忮懻之人苟得其志而肆為吹求斯人尚有類乎忠敬者人之
心也居下位而以賢事不肖者不可得而見矣然既已恬退之未
能則事上之道當無後言嗟嗟而[illegible]〻指天畫地〻〻居心之怨望
何如也夫怨望之人[illegible]遂其又為上不亦難乎當有
為之睢則勇者尚矣然[illegible]詩下士有[illegible]遜之奇介慢而無
禮制可自釋器以自假終至於跋扈而難必誅之
文夫豈過哉不為之防則亂臣賊子之輩將接踵而生天地之間

矣值稍靡之後則果敢者可風矣然臨事知懼所貴務沖虛之心
奈何室以自為天命不足畏人言不足恤　獨行者
推其不學無術之弊寧可　哉不為之訓則言堅　僻之流將靡
起而僨國家之事矣此君　也蓋小人之行自與
君子之心相背而馳乃以真小人之而偽為君子之行聖人為
世道人心之憂尤有大焉此與惡似而非之例一也不然君子之
心一以愛人為本子貢其知之矣何汲汲焉欲自明其所惡而先
以相質耶

議論筆力皆臻絕頂所謂不顧俗眼驚者尤在心細如髮不作

太史家藁

一鶴哭語 李文函

筆〻純似老泉此才關世教之文非沾沾時〻多數者能辦

吳秋泊

次厓東厓之言鋒文節文貞之心印兼有所得是可不愧前人者

子貢曰居

子貢曰君子亦有惡乎　一節　庚午江西　陶其愫

觀君子之用惡均言行之過情者也夫子貢之問將謂君子無惡也夫子歷舉之而皆不越言行之過情者焉斯其所以為君子乎今夫處儔類之內而操矯枉之權非以蹈過情之迹正以協用情之準也庸人言行之任情而施即端人愛憎所平情而出故凡可（橫空盤硬語）否交置是非不辨之為始於當躬昧其大中至正之情總乃使天下相習於乖違悔吝之地曾君子而忍聽其出此也夫君子者言（筆卓然）（提）行乎情之則也上世忠厚之習成而臧否稱量性命之各正所以泯喜怒於無形至人剛健之體立而暴戾胥消理義之方號乃以

見神明之有主聖門之問答未有及於惡者而子貢問焉曰君子亦有惡乎夫子曰無作好而無作惡者聖人之所以綏猷而行其惡於所當惡者君子之所以持世中古殘薄之風日熾而語言謬違之故亦日深夫擧惡本直道之公乃一端偶失非名教所難容而故託於憤恨之深情以滋其誦說補闕圍藎臣之責乃九重輿勳豈草茅所可議而偏冒為忠誠之懇切以肆其譏評推惡之欲短之道恕庶人不議之情雖素愛其言者當不能無所激於懷矣末俗剛明之德已喪而肆行自得之氣亦日滋夫坦率以遂其情雖夫念無他而一往之血氣求傾禍且流於倫物邁往有餘於識

雖自詡有為而膠執之意見不戢害將極於國家緬大勇之精神思強果之請力即素驚其行者應不能無所疚於神矣況君子者鑒情偽微曖之端而握風化轉移之責也哉必謂此如簧之口不足當君子之痛絶則此念未可云厚彼聖世之禎祥尚有震驚朕

地事局

師之慮蓋好為譏謗其始妄加於同儕其漸且及於君父設使僉

論波瀾益瀾

勝作而雷雨不聞則姬旦之公忠百世猶不免流言之威稱惡訕上固異出而同歸者也示之以惡君子所為合天下以無易由言之謹而納之於忠恕之途也必謂堅僻之為或激於君子之過嚴則此意已隣於薄彼壯罔之貽悔豈獨一人一事之愆蓋矯激性

成其行已以椎魯肆其恣睢其處世必以剛猛佐其褊急設使息壤分而羽山無殛則黃熊之故智後人且奉為自用之師無禮與窒亦並域而交甚者也正之以惡君子所為範天下以行無越畔

何　聖賢心術作用傾寫毫墨

之惡而歸之於中正之宇也是則警其言之肆而稱惡訕上者有惡矣斥其行之恣而勇無禮果而窒者有惡矣故曰君子者言行平情之則也

辨所從生推其終極毫飛墨噴如蛟龍之盤拏

子貢曰　陶

子貢曰君子亦有惡乎　一節　庚午江西潘偉

君子秉正以御情，故於言行之畔正者而必嚴之焉。蓋惟秉正者能嫉邪也。彼夫稱惡訕上若而人，夫非言行之畔正者乎？君子之惡之也有以哉。且斯人之淑慝無定，而聖人之彰癉有權。蓋程品不外於言行之兩端，而聖人之隱寄其權者，即緣其好惡以嚴而相洽，所謂徑寸無私而天地正大之情見焉。則知其權之有獨尊也。嘗思君子者，豈非言滿天下無口過、行滿天下無怨惡者哉？是其有厚而無薄，薄按之則不容有是而無非，非貢之則弗受。微子貢之問，固知君子之必有惡矣。子曰：君子之所惡者紛有數端，要

不踰言行之間而已蓋正一身以淑世故言坊行表聿昭辭用之
原評停頓有度
純而鑒一鑒以衡人故言偽行堅莫貸春秋之律所惡於言行者
何物莫不標其美而闕其所醜其人而踊惡也將必懲惡難堪矣
吾而與為箴規何必非愛人之長德奈之何有稱人之惡者過為
譏剌之詞以自快其雌黃一世之口指瑕索垢之中罔不留餘地
二掉入深處
以處人也然代自証于幽獨定不留餘地以自處矣世不有樂道
人善者乎茲何其用意之大相左也人莫貴于循其分以作其肅
與人而在上也將必欽承勿替矣吾而積誠感動庶以明忠愛之
悃忱奈之何有居下流而訕上者謬為怨誹之語以聊抒其勢窮

力竭之私或歌或泣之餘已若天下無易處之臣子也然使內明於隱微宜天下無易處之君父矣世不有尊親交篤者乎茲何其立心之逈相懸也且宇宙之紛紜蕃變惟勇力斯足以擔持然必履中而蹈和則從容中之奮發乃不涉于其烈之為也若其無禮

原評割題刮骨

則有血氣而無道義將踰閑蕩検夫何所不至矣生人之綱常倫紀惟果敢斯足以成務然必沉幾而觀變則通達中之決斷乃不等于拘牽之見也如其窒焉則務矜心而無灼見將勢隔境封夫安往不敗矣君子之所惡者如此竊乎日用之大端而論則以非

發揮根株外尋道妙

刺為長以謗訕為事以使烈剛愎為過人若非其性情使然也蓋

氣習有漸染焉自君子昭昭焉有以惡之則天下之人皆倜率而惕乎積習莫返之非而争自濯磨蕨性情得以還其故究乎古今之遷流而論則清士好議談小人多怨忿卤莽滅裂多敗度者固其風會所移也要亦學術關如矣自君子惕惕焉有以惡之則天

淋淋漓漓

下之人將相率而懋乎學問變化之功而薰陶涵泳使風會於以丧其權君子之所惡者大約若言行之畔正者嚴之而已曷不可憬然自証其所惡哉

以劉越石之清剛寫謝宣城之警秀才思颷發興有餘酣

子貢曰　潘

子貢曰君子亦有惡乎　一節

順天　邊方晉　元

歷指君子之所惡、為其悖德也、夫顯然悖德、無忌之尤者也、因子貢之問而歷指之共所惡不㮣嚴哉且聖人慎好惡之原而使私隱獨行者隱戢焉固非好言刻覈也蓋苟非悍然已極尚必有不忍不敢之心而詭戾自恣者顧相習成風而未有已當此而欲為維挽於其際斯不得不以愛人之深心反其用以大懲焉今夫君子身不操彰癉之權心實切激揚之隱其不能不有所惡也明矣而特未審其所惡之何在也協羣倫以遵大道豈樂為激厲之情韓盧犇步畢不發實敖隹而防閑惟謹者常虛擬其形則怵目儆心遂不難顯揭以示匪彝之勿踰胥儕輩而廻淳風初何有苛求之想而世情難測者偏迭呈其變則防微杜漸遂因以衆著而期趨避之維嚴微子貢問亦焉知所惡之有彰彰者哉今夫語長厚之誼隱惡為先而欲炫已長斯好揚人短其或借君父以沽名而謗讟勿恤尊卑之等蔑如矣是為稱人惡者下訕上者論涉世之方惟禮難越而性情獨任斯矩矱無存至若蔑經權以自用而徑遂直前進退之宜罔合矣是為勇而無禮者果敢而窒者此四者惟君子防其端之所起更戒其弊之所終以彼一意不回並不假托美名以作藏身之固而此不必自藏者寔人心之恣肆已甚也習俗澆薄而分義胥忘僭替

神針度暗元燈燭幽

深而執迷不化非有以清其源流極將胡底歟急探其始發之端而盡相窮形預定以（華法[illegible]嚴）萬不可干之例俾惕然思身不自檢而咎有攸歸人心所緣以不敝也因同人所共惡以揭為一人所獨惡亦其愛人以德之意所隱而成焉者矣以彼肆行莫忌並不虛為緣飾以求反己之安而此不肯自反者實世道之遷流未艾也詬同儕而漸延於長上任凌躐而不覺其愆雖非有以樹之範變易其有時歟早窺其究極之弊而兼權熟計隱怵以必不可潰之坊俾曉然知法有必誅而責無容貸世道所藉以有救也即一人所獨惡以表為同人所共惡亦其比匪恐傷之懷所激而出焉者矣自

新科鄉墨　　論語

夫子歷歷指之。子貢不可曉然君子之有惡哉。蓋為名教樹防維。故歷指以陳而標其品目。於以見其所慮者周。為千秋昭炯戒。故取懷以示而究厥指歸。於以見其所憂者遠。進觀子貢之所惡。其心同而其量懸矣。

獨注下節三以為鑿出隙光手眼自別而精神容與包孕萬千一洗囂張雜湊諸弊

子貢　邊

子貢曰君子亦有惡乎　一節　庚午江西　邊祚光

君子之存心以仁惡夫以私而害理者也蓋仁者以一念之公理
行於人已間者也嚴所惡於四者其殆以仁惡不仁乎且仁之為
賢聖現處
言公也公於人者所惡勿施故息息與萬物皆通而不敢任其言
之妄公於己者動必以正故念念與斯理相繫而不敢遂其行之
堅則以我心之仁繼觀物情之不仁而嚴為絕之正欲力為挽之
也皆子貢問君子之有惡殆未知所惡者之何在乎抑思君子固
仁者也原博愛之謂仁則廣之為胞與約之為忠恕藐然中處於
真算
上下而覺天下無不可友之同類天下無不可事之君親心德之

謂仁則存之為性天發之為道義粹然以養其中和而覺日用有不過之範圍視履有其旋之元吉是故仁以接物則隱惡揚善忠順不失而和平廣大自覺入世之寬也仁以立身則强立不倚時中以行而百年閱歷無非與道為伍也反是則稱人之惡以下訕上而仁害於殘刻之私矣勇而無礼果敢而窒而仁害於意氣之私矣害仁曰賊烏能幻悪哉曠然之天下賢否異品貴賤異位亦甚紛而雜齊矣仁者齊之以潛移默導之法而不肖可化齊之以天冠地履之義而名分自定也乃自喋喋之口莫咸其輔遂使修士與百全之行而居高為集謗之門斯亦天地間至不平之事矣

斬釘截鐵

原評妥帖力排奡

襍然之氣質非柔則剛非怨則斷亦云偏而雜馴矣仁者馴之於齊莊中正之內而暴乱不作馴之於經權常變之宜而動履皆臧也乃自洶洶之習嚚而不情遂覺經術徒為名教之桎梏而率履無藉義理之化裁斯亦宇宙間最害德之人矣從來諮鐸之設原以廣求直言而天遠之歌無非與悟人主必謂簡默相尚則四國藹乎祇成諛佞亦安用此多所忌諱者為乎然此之所以可惡者非闕立說之無稽而闕立心之鮮厚君子欲為人心存忠厚之公能不有惡於刺薄者哉一從來志士之行有時近於激烈而聖賢所為亦多出以獨斷必謂任情多僻則引經酌古動輒危疑又安用

胸如懸鏡筆如奏刀

此過為退避者為乎然此之所以可惡者非鬬志氣之爭先而在矯枉之失正君子欲為人心存中正之公能不有惡於偏倚者哉蓋以私害公風俗之所由壞而以惡懲惡世教之所由端此謂惟仁人為能惡人（文奇嚴重）亦惟仁人為能挽天下之不仁也

本隱以之顯筆力警快絕倫一讀一醒然再接再厲乃

子貢曰　边

子貢曰君子亦有惡乎 一節 庚午江西 鍾儼祖

君子無有作惡因其可惡而惡之也蓋惡者情也君子豈異人乎歷揹其所惡則惟惡然後見君子今夫人與人相接而情生焉情與情相拂而惡起焉儒者雖博愛為懷而環顧夫譸張変幻之紛然其人不必盡如吾意之人其事不必盡如吾意之事則惡之端不能盡泯惡之念雖以渾忘而正不妨分指其人其事之所在以觀其用情之獨正聖門有子貢者志切方人則耳目所接物我各與其性情學求強恕覺立達自期無在可形其拂逆其進而問君子之惡也得毋以君子有所愛無所惡乎夫子曰君子非自徇其

惡也事有可惡則惡之而已人有可惡則惡之而已世非懷舊誰

此一層引入愈見四者之不可貴

與共游于淡忘俗非熙皞安在日聞夫歌祝但使矢口不忘長厚

領名而念尊親則三代之遺闓者亦深愛慕不謂騰口者之竟肆

然闓是也學非醇修豈必遷媚於執物才非任重敢云卷協乎經

權但使意氣不流於自雄師心不堅于自是則氣質之累久化不

患無方不謂選其志者之竟翹然自負也即如人之有惡君子以

為耳可滑開口不滑言也而稱之者轉覺津津其不厭下之於上

君子以為尊宜諱為親宜諱也而訕上者不勝提提以為工若

夫勇為入德之門君子豈不嘉其強有力然能東以節文則血氣

皆恬而不然者無礼果敢為任事之器君子亦深望其往有功然必鎔以學問而化裁乃剏而反是者則窒斯数者或刻薄以居中或萋斐以肆謗鴟張之口舌若出無心則其情雖恕或恣睢而不檢或堅僻而不向獨往之性情自鳴得意則其弊可危君子豈有不惡者哉君子厚以宅心原欲與天下相安於無惡之天而異口殊形每嘗以耳不樂聞目不樂見之事則質以素心而多左者知雖執與物無忤之說以自寘其情君子理以制事未嘗先天下而設一可惡之見而逞私挾偵偏值此言不可道行不可法之人則揆之以理而多違者更難掩為無知偶蹈之愆而曲寬其責持未

惡惡字混看

緣合首句神理綿綿

知子貢之所惡其有合乎君子否也。

乎情諭事神味都在蘊藉中如飲醇醪令人自醉

子貢曰　鍾

子貢曰君子亦有惡乎　一節　庚午江西　龍鶴

聖人以天德正人心而所惡有甚切者焉蓋稱惡非仁也訕上非義也勇無禮果而窒則非礼知矣君子之惡所為嚴而切於且天（閑深肅括）德者其言行之權與乎情緣分以為安而免咎為囊之括氣秉礼以為止而省度若机之張此敬慎所以見許於哲人也非然肆志起而敢心勝其不為聖賢之所痛斥者幾何矣此其說于子貢問君子之有惡得之夫君子固曰欲以天德正人心者也渾物我於所怨道取諸仁惕尊親於所隱道取諸義夫且亨嘉其會礼在而壯趾無虞幹事以貞知立而變通利言行無過物恒聿昭寧非

君子所塗於天下反是亦何必諱言惡哉苟職在乎史氏是非當

原評稱右方釗

炳著於千秋苟權屬乎賓師得失或可爭於一日是蓋有所不得已焉耳脫分所不在而妄為置喙將詆朋儕以博伉直之聲懟君父以沽忠孝之譽徵論蠹風教而禍德性[illegible]不可長即其稱惡訕上此心已難自問矣君子安得而不斥其非惟理有所必伸選懦誠不可以成天下之務惟祇有所自達濡滯誠不足以斷天下之疑是蓋有所不容辭焉耳脫理所未可而謬為奮決將爭萬夫之

語、都經李蛻

先而綱維已潰任拘墟之見而舉動皆非徵論蔽經術以誤時事害有雜言即其無禮與窒此心先當自波矣君子安得而不誅其

妄夫情之厚也方將感以和平而相與於無相與則惡似非君子所宜有第以兩間之德政無端聽予奪于鑠金銷骨之言名義之（鋒鍔透紙背）防閑一旦盡須沒於使氣矜才之輩此何如人也而猶曰相與以和乎也哉性之嚴也隨在示以正直而相繩于無可寬則惡安在非君子所有益以越爼之非議正其罪宜為豺虎有昊之投無忌之性情糾其過寧僅僕明捷記之警此何為者也而猶曰繩之或少寬也哉大抵言行之權與本乎天德而天德之存亡係乎致肆稱人惡非仁也下訕上非義也勇無礼果而窒則非礼非知也是皆言行之肆而見惡于君子也故曰聖人以天德正人心

英氣勃鬱健筆縱橫所謂自成一家風骨者

子貢曰貧　二節　王増

處境。之無諂也、引詩以解之而義、明矣、蓋貧富之說、與切磋琢磨之云不相侔也、乃因未洽而悟及之、賜豈囿於貧富者哉、且人情

只說大意清出兩節層次境界學問節節不辭提

莫不喜其所已至而忘其所未至夫喜其所已至則我所未至者無由引我以至也忘其所未至則人所已至者人將窮我以至也是以已至者無容喜而未至者無容忘也若子貢與夫子論貧富

朱子云孔子意只以謂人說之教題之

是已一物不相形則止見優耳見優將不復見詘有兩人並進於

爽遊內探取

前而參差焉觀焉此之所難彼之所易乃不禁爽然自失也諂非精

子云子貢未能識一人之詳

進亦僅得半耳得半且自謂得全設以一人獨造其域而分量固

於焉由淺之深，悟前之淺乃不覺悠然消也。維時子貢若有所恃焉，若有所疑焉。貧無諂也，富無驕也，信其有以自矜也。無諂何如也，無驕何如也，疑其或可自足也。維時夫子若有所予焉，若有所

分作[illegible]段[illegible]看[illegible]

[illegible]中又分出六意

樂焉可以貧也，可以富也，予其能堅乎守也。未若樂也，未若好禮也，冀其終進於化也。維時子貢若有所感焉，若有所悟焉。切復磋也，琢復磨也，感其學之不已也。詩之所云也，斯之所謂也，誘其理之相通也。

忽[illegible]做兩對作法變[illegible]

是知境之限人也，徙上趣於有所恃，寬與斯世而操持之，弗力矜情，豈能免乎無諂焉，無驕焉，宜若足恃而意不敢恃也，則以其境之本無可恃也。蓋吾人之詣，尚有樂與好禮之一途也。

尚有一途之在我前即無一途之為我恃矣子所謂引貧賜于日深
者莫學之日晝也往往成於所安雖窮好修而知行之弗備窮深
以切琢對無諂無驕以磋磨對樂與好禮
於何慰乎如切焉如琢焉宜若可安而卒不敢安也則以其學之
本無可安也蓋吾人之業更有如磋如磨之一候也更有一候之
得為我益即無一候之可為我安矣詩所謂感賜於至微者也直
餘事可貫
居請業得解通乎古人廿年讀書會心在下一旦賜豈獲猶有未
若着乎然而賜終不敢存一若之見也第不識夫子以為何如也
　本若忽作兩人比較忽作一人排勘題面忽作之之分疏忽作
對偶通說變化不測不欲一筆猶人其作兩人比較着懸孔子

小題卷宗約　　論語　　子貢曰　王增

意也。孔子謂道守人不如那守人也。其作一人推勘者。歎子貢
意也。子貢悟得進一步又深一步也。其作三平者。二種論說原
有二種意義也。其作對偶者。知處貧富之道是一串。知義理無
窮。是一串也。鑄詞命意。迥不作人。

子貢曰貧而　全章　王進星

吁乃自而有知境與詩皆無窮矣夫方論貧富卽悟及詩賜之知寧有窮乎諒亦無往非来耳嘗思吾人之處境一往来之機也而學士之會心一往来之趣也惟不以心滯境而以心喻人斯教者之言得學者而往来不窮也亦古人之說得令人而往来無盡矣昔子貢在聖門蓋所稱達者也聞一知二固其所長然而工貨殖不列文學之科意其所可與言者惟貧富而端所告而知者亦惟貧富而端而於貧富之中有詩意焉貧富之外得詩學焉賜即不知亦不必此而賜初未嘗與子言詩也言無諂無驕而已斯時賜意中止有無諂有其

八閩試牘　科試安溪縣學一等二名

也止有無驕者来也夫無諂者来而諂者不既往乎無驕者来而驕者不既往乎往來之機盡此乎而子亦来嘗與賜言也言樂與好禮而已斯時賜意中所謂無諂者往矣所謂無驕者往矣夫無諂者往而所謂樂非来者乎無驕者往而所謂好禮非来者乎往来之趣止此乎雖然天下惟往來之機取其新也毋仍乎故也亦惟往来之趣期其變也無貴乎拘也乃賜則不覺與予言詩矣其言如切如磋也切已可而来若磋切往而磋来者如斯耶其言如琢如磨也琢已可而来若磨琢往而磨来者如斯耶甚矣賜之心有似乎風人也而予因遂欲與賜言詩矣樂與好禮子所告也往也然况其所告何来

就往而推其所告又可往非來耶引詩証斯跡所知也來也頗滯其所以視往為來而擴其所知即來不猶往耶甚矣賜之心已殆忘乎貧富之□盡見過之學必不可有自畫之志氣始以無諂無驕為言賜謂是盡來者機耳而抑知吾學中之所來者僅是無諂無驕已乎則未若於所可之外而樂與好禮難矣樂與好禮難而知之亦不易矣而揚花之端又莫善乎斷章而取義繼以切磋琢磨為言賜已深得深者趣耳而究之吾學中之未來者又寧是切磋琢磨已乎通所知於所告之外而賜之於詩深矣賜之於詩深而於境□□淺矣然則賜之所知安有窮乎

八閩試牘　貧而樂　王

破空而行一塵不染

破空而行一塵不染

資而鼎

王逍吾

子貢曰貧而　全　王健中

學有窮而安於可詠詩而相引於無盡焉夫學而以可自安其如未善何詠切磋之詩工進賜矣賜進於斯矣可弗嘉與之哉且夫學問之事苦無客見為可而姑安之也未至於此已有一境以相呼懸至於此復有一境以相深故有心者於學之所及理忽通焉於理之所以意又忽遠焉則得今稽古之餘其相引以進者正無窮也聖門有子貢進承師訓退讀古人之書良有獲焉故欲以貞而不易者自驗敦操併欲以濬而能定者自驗所學其間貧富也豈聞貧富哉理境之淺深修途之得失皆貧富類也其間驕諂之無也豈聞驕諂哉通情之退讓理想之憤蓋皆驕諂類也夫子可之且寓其意於言貧富併寓其意于言樂與好

永謂其可也正多未可若在也造詣有何終窮刪淑羣修行無念可以
（後○末○黄○劉○詩○二○約○力○賴○至）
自覺所以惟日不足之懷昔人每勸之夙夜謂其可也尚有可者在也
功力必由乎漸進則滌慮洗心畢生無容自怠所以純粹以精之業自
人必勉之究圖子貢曰此詩意也其不切之未務切其不琢之未務琢
與不可因詩而悟斯與亦詩理也其切之未若磋其琢之未若磨與不
可因斯而轉悟詩與則是賜善求乎詩而詩若以斯應之矣如是以
（迎○致○擒○流）
求之夫如是以應之賜與詩其相爾于無窮乎則是賜善取乎詩而詩
若以斯予之矣夫如是以取之夫如是以予之詩與賜其相感于無盡
然則賜其斯中人哉繳不復言貧富而言斯以表予所言皆斯理也
（悟○境○獨○微）
今而後賜不執貧富見并不執無諂無驕見矣[illegible]不爭

其可與言斯○而予其可與言詩○以其所知皆詩義也○余[illegible]

與○好○禮○見○非○不○執○以○體○擬○特○見○矣○知○與○告○者○相○因○往○與○非采相機端[illegible]

可○量○乎○哉○

人皆指來者○此獨指可學使慧穎悟而學業行間乎○[illegible]有

洞料審機之致○

子貢曰　王健中

傳是編

江南十二名

子貢曰貧而　全　　吳兆騫

即貧富而益進焉聖賢皆無盡之心也夫未善者在貧富而賜何以而過之於詩也非悟於貧富之外者豈屢是以知之令夫至不一者人生豐約之遇而至無方有聖賢學問之心則即備焉之相長而已可啟悟於今古之際矣故心入境而貴其能忘理淡心而祈其益進心之所及語亦及焉其淵懷良不誣爾試言之天下有入物而拘乎物之人則必有入物而淡乎物之人則又有入物而超乎物之人如子貢一旦以貧（一斬云色見）富之無諂無驕請也豈非以貧富之易於溺人而人類不能真心于貧（附情與象）富之際也乎然而出於門而傷終窶豈若槃澗之歌思處尊學而禘恭人豈若中和之嫺習故見以為可則竟以為可矣見以為未若則誠以（緊次節老）

為未若矣子貢於是憬然而有悟乎切磋琢磨之詩矣夫詩為發乎咏（二比轉折不放）
也未嘗為貧富咏也乃自夫子之言合之則見夫服習乎終身者熟引
悟乎崇飾致誦於賢侯皆可通懷于修士自非夫子言之竟不知學之
（許定未偏）
發進而彌深者有如切磋琢磨之無已也夫天下之不能執一以為守
者固有如此詩也哉乃夫子於睪然而深許夫賜之言詩矣夫詩為成
德泳也而賜則以為言未若者咏也自賜之通于詩者推之則見夫服
（琢快不同常調）
古而深其義類何者非逢我義類之時觸觀而得其淵通何者不大哉
端通之用自非賜之稱詩竟不知賜之淵悟而莫測者有如此之宏[illegible]
而知來也夫天下之不能執境以自域者孰有如賜之言詩也哉由是
（自然神完氣足又筆筆宣勁）
子未若之言而繹之則功不安於淺可而學必進於廣窮雖不為貧富

言之可也由子貢引詩之意而言之則是為懿者尚介於癖而求其美者務要於力雖以為未若咏之可也由夫子許賜之意而求之則觀亦往而可通者古人之義來而可繼者一旦之知雖不知衛風言之亦可也而聖賢於是乎深遠矣

風韻高邁叙致清雅如捉麈尾人從容對談名理使人心形俱服愛先生與三鳳孤人間夏灣權聲望比於眉山以詩歌古文鼓吹休明為一代作者豈區區制藝名世云爾

子貢曰　吳兆騫

儀是編　江南

〇〇〇子貢曰貧　全章

聖賢於遇中見學相引以無窮之心而已蓋有窮者遇而往來不窮者
心也通貧富于詩中即不必更言貧富可矣聖賢之相引微哉今夫人
考道之事寧有窮哉古今皆境遇中人即古今皆學問中　至理自
在目前善處不若其善進大道原存明哲能守更尚其能通此　進益人
者所爲驕然而無所執耳吾思夫人遇變而相遷者境也日進而無方
者心也而外焉見世内焉見道聖賢之變化于此中多矣雖然歷乎已
然而後知未然之大也淺之與世境相較者必深之與世境相忘而困
亨盈縮皆明心考道之資忘乎既至而益知未至之深也始之入世能
通者必終之入道能化而觸類引伸皆擬議神明之事較有同乎遇中

而詩其所安者有通乎遇外而得其所悟者有會乎遇中遇外而觀其
所通者而要之不外治心之學焉賜與予所爲論貧富而有會乎天下
之理無所主于中則情隨境遷矣入乎盈歉而得其澹炎與忘乎物我
而泯其情欲者其相去爲何如也諂驕之與樂禮何者非貧富何在見
爲貧富也所謂同乎遇中而得其所安者此一境也賜于貧富所爲因
詩而有悟乎天下之理無所達于外則心與境化矣雖一[illegible]而忘
有所安與貧終身之功而功無可恃者其相懸爲何如也切磋之與琢
磨何在非斯又何者非爲斯也所謂通乎遇外而得其所悟者此一境
也子與賜所爲因言詩而有合乎理之在心無所周于謙則皆以數窮
矣守其一得而相安于故與周乎萬變而不[illegible]如

也。告往而知来，安在非詩，安在非貧富也。所謂會乎遇中遇外而艱其所通者，此又一境也。豈啻不必殊塗而感遇之餘，無非見道進修，寧有止境而詠歎之下，皆可明心，此聖賢相引之學哉。

先輩論文必先鍊格，此文深得鍊格之訣者也。然非神餘道外，韻在筆先，亦不能有此幽情淡色。是題得此，可謂廣陵散尚在人間。

子貢曰　汪

傳是編　江南十四名

子貢曰貧　全　　沈晉初

學以能忘而後能進聖賢于論境深其悟焉甚矣學無盡也論貧富而及詩知固有深于往來者此聖賢所為相引無盡也哉且天下有無窮之理每變動于數學相長之中而第非因境以會心者不克旁通而大（[illegible]有神鋒）昭其義蓋境忘而後知制境者之未純悟深而益知起悟者之難恃也神明乎師說之未及而遽獲乎師說之無已也說在子貢之與夫子論貧富矣夫貧富之境何常以為如是是以處之則心有以守之矣以[illegible]（一氣[illegible]引如流瀉夜半）如是未足以善之則境猶有以繫之矣迎其机以相引生平之學問此無歸而要非過一境之引伸于不已抑處境之學何常以為如是之已至則又有至焉者矣以為進是之尤至則猶未為至焉者矣因其[illegible]

[illegible]十六名

[illegible]雲閣選

何異紛
以相觸風詩之論頌于鳥慫會而總非有一理之可恃以自存審然
振○全○体○俱○勤
何有于貧富何有于處貧富之區區也哉然而端必有自引悟必有由
聞子貢曰貧而陷穫不可為也無諂何如者子曰可也進之詠歌自
妙雅另有○筆致
者何若也子貢曰富而充詘非所[illegible]也無驕何如者子曰可也進之
警○悟○精○警○識○力○倍
寐藏嘉者何若也此聖賢之就貧富以明其無盡者有若此而賜何忽
倏倚見月脫○盡一切真○超○○高著
以淇澳進也蓋理不善棄者不能善取賜則棄乎己之見矣并棄乎
子之言故一端之奇入鳥而深不盡之藏導焉而絶告不見盈而知不
見歎賞往與來之若不相值也賜果何心而若不相值也吝且理無可
止者并無可挑賜則罔挑夫貧富之解矣更不挑乎來若之言故一二
青○詞○珊
援之什伯數之意中期之意外報之往者日消而來者不息覺告與

之若不相遺也。賜果何心，而若不相遺也乎？子貢曰切磋琢磨，賜凡日

泉水流氣滾然不盡

習而相忘也。乃今忽遇乎斯言也。予曰吾從知來，賜竟曠然于其作也。

兩全題妙真文無憾

乃今始信乎賜之可與言詩也。此聖賢之離貧富以明其無盡者又如

此要以境無窮而貧富概之，學無窮而切磋琢磨類之，理無窮而往來

東坡大海迴瀾

該之，則論貧富而不泥于貧富者又安在，言詩而僅終乎詩也哉。

就貧富以明其無盡，離貧富以明其無盡，二義劃然，已將繹此題蘊

山面目矣。時而合發，時而點叙，意境超闊，風神諧暢，更覺如人一

子貢　沈

江南十六名

子貢曰貧　全　宗書

賢者因境以悟理，聖人許其善用知焉。蓋子貢貧富之間，初未嘗知有詩也，因夫子未若之說而知之，孰謂賜也而不可與言詩哉！且夫學問之事，恆視其神明之相取，要惟虛以觀其無盡而已。蓋今日所至之境，即他年方至之境；今時謀始之理，皆昔時謀終之理。論非進悟於微，則詣境之未始不可通於詣心，連類而來，始不可進于觀理通。昔子貢聰明時達者也，一日論貧富而進貧以無諂無驕，此亦止就貧富論貧富耳，豈嘗先挾一理道之見，而以貧富為端哉！雖然，善悟者每於無所發而觀其通，不必執理悟理也，心與理相深，人見為境，我見為心矣。抑善悟者每於無意中而深其變，不必即境言境也，意與境相生，人見為心

我見為深矣曰可也曰未若謂就貧富衡之歟乃賜已穆然於理道之
原曰樂曰好禮謂就諂驕進之歟乃賜已企慕乎篇章之未盡其所感
在淇澳之什矣有曰如切如磋如琢如磨學問相浹之際惟能損而後
為能益孰知能益者之正未可恃也性情之所期者在茲性情之所距
者即在茲矣所以古人十年學道恆嚴於一日見闇之心而後嘆為無
窮爾脩能獨重之日惟不足而後見有餘孰知有餘者之仍歸不足也
窮探之相浹者係於窮探之抱歉者亦係於矣所以昔人一日見心悉
加以數年猶夫之功而猶莫為雖盡爾賜是以有惟于斯而不能已矣
以賜有見於斯之心而與之讀詩則貞淫正變皆足收為性情之助以
賜有見於斯之心而與之言詩則士女風謠皆足藉為冥悟之資又何

在非切磋琢磨之義哉蓋以境言境者往也惟聖人進之以大以覺悟理者來也惟賢者悟之于微告往知來尚何貧富之爲見乎

[illegible]東橋評

衡口便捷數一鳴覺通休靈於從此名言雋理絡繹奔赴使人心開目朗塵襟俗緒洗滌殆盡矣姜真源先生推鹺維揚肇聚由江之盤爲淮南人文淵藪許力臣師亦每稱道姜六不置既被文宗國士之知於登賢書之選文章信有定價哉

子貢　宗

江南二十一名

子貢曰貧　一節　　黃元寵

學不盡于能守也、聖人欲進賢者于化焉、夫貧富而無諂驕、則能
守矣、而豈若樂與好禮之能化乎、故夫子爲子貢進之、且學問之
○清○洒○
淺深何常之有、吾而尚存流俗人之情、而其學淺矣、吾即能制流
乘利無○消者
俗人之情、抑其學猶未深也、處貧與富之間、可以覘學力之淺深
○翻○從○下○截○駐○篤○上○
焉、今夫貧之于人、莫不以爲不足之境也、而人中有所得焉、寧復
○歲○久○勢○極○其○方○憤○而○以○懸○快○久○革行之不○苦是鈍
知吾身外所不足于己者何事耶、富之在人、莫不以爲有餘之象
也、而苟中有所主焉、寧復知吾身外所有餘于己者何物耶、若然
○數○猶○　持○虛
則不有于貧與富、何有于諂與驕、且何有于無諂無驕也哉、而自

亦亦為 言亦快能安貧可也未若

子貢言之一似以無諂無驕為至矣彼但與常情相較也但與常

為適篇警策

情相較則衆人皆諂而我獨無也衆人皆驕而我獨無也是能制

其易溺之情也其亦可也而未與聖賢相質也如與聖賢相質則

諂可無并貧之見亦可無也驕可無并富之見亦可無也而但能

字字欲飛

制其易溺之情也抑猶未也賜亦知有貧而樂者耶天下之以貧

皎的語

為不樂也久矣吾以為樂不樂之故非係乎貧不貧也吾而憂貧

而心不樂吾而樂貧而樂亦非真孰知樂固自有在也而此心之

字用得活

泰然自得于俯仰之間者當其貧而亦與為安舒焉試令無諂者

反而自問其能有此真樂焉否也賜亦知有富而好禮者耶天下

之富而鮮克由禮也久矣吾以為好禮不好禮之故非係乎富不

○超○然○之○筆○卓○然○之○識○

富也吾富而越禮而禮非其所好吾欲循禮以守富而禮亦非其

所好孰知好禮自性情事也而此心之怡然相洽于中正之矩者

○環○抱○迴○照○無○限○好○景○

當其富而亦樂于循理焉試令無驕者反而自問其能有此篤好

焉否也故子但許之為可而謂其未若貧而樂富而好禮者也賜

聞予言其猶存無諂無驕之見耶

參予答程允夫謂此章論進學之實効則處貧富上便是義理

便是學問工夫不得泥本節只言處境下方放寬引出學問之

功也是賢開口便與起處有以劉挈為據者不知題前從論道

理無礙問答口氣而騰那轉變正於蜿蜒見其神奇中間剔換題字灑脫題窠只環題理引伐於儼容武奏之勝幽曲不可言

子貢曰　　　黄

子貢曰貧而　全章　　曹友夏

即貧富之論有以啓善學者之知焉夫未若一語固以開切磋琢
（揄知字以貫通章高拖）
磨之端而往焉來焉而不可以已也賜之知果達矣而願貧富云
乎哉今夫異端之學言悟吾儒之學言知所以穎敏者得之而有
（徐大臨云知是見解精進處非二氏機鋒也）
觸於天下無窮之境則世俗不必相率而功力因之精進其知識
（下遇字要審）（知字有根）
之相長要以見其窮理精而達道篤也昔者子貢以知開道者也
（借伏知字已生其境）
夫人知其貧而踞於貧而論生惟賜也亦知其貧已非復人之為
貧而於貧之中顧懸一矜情抗節之境則何如夫人知其富而溺
於富而驕生惟賜也亦知其富已非復人之據富而於富之中顧

擬一約已循分之境則何如子曰可也賜也可以貧矣而乃有絶
云此孔門學貝在起擬也
人欲於貧中者仰不愧天俯不作人灑灑如也則其樂也賜也可
以富矣而乃有循天理於富中敬德言其盛禮言其恭恂恂如也
大勝云執此兩字義理無窮卻並於詩
則其好禮也由子言之不知其貧而樂在斯一知其樂而樂已淺
云之前以見精上取精言卡加密之意處了須知字
矣不知其富而禮存焉一知其禮而禮復拘矣賜也其知之乎此
而言曰詩云如切如磋如琢如磨推斯意也啟我之成見即有得
補出未若二字
而不居其安奪我之恃心遞相遷而彌益其智此亦一未若也彼
乃賴時也　講虞云芝論臺庚公此化矣
亦一未若也而貧富之言往矣詩之言方來而詩之言往矣詩之
意方來子曰賜也始可與言詩已矣緒言之相發其變無方一味

歌而即有聞一知二之趣義理之相生所取不竭一問答而已有起予助我之機賜也其知之矣（本住知字拈開更見問悉）倘更有告者又何必規規於揚風抗雅之間哉即未若一語而足以滌人之滯義開人之遠識如此則甚矣夫子之善教也

異端言悟吾儒言知所以學者入道也悉一點靈機但這靈機須靠著義理無窮四字生出瓏瓏活潑有進步無住處不從說玄入妙過來

子貢曰貧而 全章　許澥

處境而悟詩賢者之知遠矣蓋往不可執而來不可為因言貧富而知詩賜之知豈易量哉且嘗曠覽於無窮而知吾人所處無不有已然者之在當前也無不有未然者之隨其後也徒執其所已然而不能通其所未然將聖人之啟示已新而學者之見聞猶故其未能超然於境遇之外者即其多所泥於學問之中也而要非所語於子貢之論貧富而知詩矣夫吾黨之修來能學尤貴能識倘舉乎丘所朝夕吟誦者而無可取為華生得力之驗則馳騖之弊甫愈於拘牽而吾儕之學術能取不如能棄倘舉當日所同堂相質者而無可

科試安溪縣學一等一名

見其一旦會遇之境將拘守之思亦疑其狹隘彼亦烏知古今人之

砥礪磨礱而遍徃遇來於其中者爲何事也今日若賜子貢其誦比

門而知貧即其誦驗此而知富即言無諂無驕則誠可矣然以視夫

子之言樂饑者奚若即視夫子之言溫恭者奚若即言乎樂與好禮

則猶未也噫夫子言止矣乃賜也切磋琢磨之詩又胡爲乎來哉則

當日貧富之見不已忽不知其何往哉吾因是而恍然於吾人之造

詣無非往也自今日觀之則可者爲往自異日觀之則未若者亦爲

可日不在往中則何日不在如切如琢中乎夫學處於當境每患

往來不窮是循環即是實功開發獨透

不自知乃未幾而迴追曩昔既悔其往之不去未幾而遽念今時又

害其任之不留悔與吝交集而三百篇適足供我取携之資則昔之
也夫知者遠也彼貧富其一爲耳邪於是而惟然於古人之造詣
無非來也爲今日之來則可若有未若爲後日之來則未若若亦爲
可何日不在來中亦何日不在如琢如磨中乎夫亨當其有得恒苦
不更進乃未幾而由今溯前既愧其來之甚少未幾而由今觀後復
慮其來之無多愧與慮交并而風雅頌且將爲已陳之迹則知之觸
類於昔者長也彼貧富其偶爲耳宜於是而恍然於一生之造詣無
非往而來也不有昔日之往何有來茲者之來亦有今日之來何有
來若皆之亦往往與來無窮期則切磋琢磨亦安有盡境乎夫學當

其來悟自以為莫加乃忽焉而往不一往既憤以古人之往昔為今
我之來忽焉而來不一來又樂以今人之來者為故吾之往憤與樂
迭禪而為譎為讀俱有隨時自領之趣則知之因告而引伸者神也
即詩與貧富皆其寄焉耳然則夫子所謂告往而知來者謂是嘉賜
之言詩也而正不徒嘉賜之言詩也蓋得乎斯之所謂而一貫之機
且將啓於頴矣而何有於處貧而處富也哉而何有於無諂驕之較
樂與好禮也哉

肖甚之思渾以靈快自能洞奧區而挾神髓

子貢曰貧　全

富鴻業

即處境而進之聖固引賢以知來之學也夫學不求精是執往而棄來也未若之論可通於衛詩矣予已先為善悟者發機矣今夫學問之間賢者貴其能取聖人尚其能合何者一日之間偶有所得及相閱焉而已為陳迹矣吾方守其陳迹據於中而不能去亦烏知我生以後有所謂無盡之藏難量之功者哉是以至請存乎疏瀹新緒生於連類教學相長之間夫豈偶然而已蓋身世之故相變不窮相維不已理道之致有而不執安而能遷故豈約榮悴之數精其志可以入道愚智賢聖之階梢其故可以盡神此其意聖賢亦嘗一及之於

論貧富而遂相引於無窮也如以無諂驕為可止耶（即稱往來）則往者未能無諂驕之時已不知來者尚有無諂驕之一境亦猶之無諂驕之時亦不知來者又有樂與好禮之一境也如以為未可遽止則雖學禮優稱其為無窮直可作如是觀耳故曰（即渡）吾人之學非器物也而其功甚有類於治器物也始者既去光復何存粗既不留精亦何往夫天下之遊而不返日生日變而未有止者大率如斯矣而獨於心性之間或有所拒而不入或有所膠而難化此域中之士所以不足與於昭曠之觀者也切磋琢磨（點次超忽）往耶來耶子貢之知非耶然則境遇者道之所寄而非道之所存也道足齊遇則遇不足以困道蕭森至則觀其

所守而既至則觀其所忘子貢曰何如子曰猶有未至者存也奪其所恃而使之爽然自失凡為學者皆如是也而僅以為商貧富亦固已篇什者悟之所發而非悟之所深也悟能出物則物不足以窮悟草風人比事以類情而學士永言以見意子貢曰詩可通於斯也子曰善言詩者可通於往來也冀其明性而使之冥思之道凡為教者皆如是也而僅以為與言詩亦感已

運思虛實之間取徑遠近之際飛鴻踏雪光景不留 蔡麐

子貢曰　富

子貢曰貧　全　　陳熊耳

理有不期而各符者聖賢言外之蘊也夫言之淺者可申言而悟之深
者可忘悟者淮知來賜并無詩可見又何貧富之見哉且悟思來不測
半回思思詠而得句誠為佳者八
之中要挫不得其全量也所患者守積故之區不能易生新之域於是
彼此各持恒說以相勝而有古今之思靜焉而莫得其通惟引其慧以
辯淺之所受先奪其情以反前之所期而聖賢乃曲折以赴其心之所
欲得說在子貢與子之言貧富已理道皆空處之遺師之與弟祇以淺
來微以囊勝者非說如發示華而偶然滿汗大觀
深為損益耳我擇夫古義而古義不協於我心何以陳古證今之體
名理咸性情之資弟之與師但以開見為進退耳彼規以遠塑而遠塑
不務夫近迹何以開先餘覺淺之趨賜於此直持本論以衷之而子即

傳是編　　浙南六名　　有雲閣選

傳是編　江南六名　蔣雲閣選

因其論以相勗者無踰無驕而進以樂好禮是也天下力所強制情能

濟之情所矯全性能恬之匪強而求濟不得也匪矯而求恬不得也吾（奇此妙）

使之無所強且有所濟則愧悔生我無以矜勝冲志集而愈勝矣吾使（天斗峨嵋）（有其才而能用有其理而能辦）

之無所矯且有所恬則奮勵定我無以持盈虛心益而愈盈矣後智也

彌精入道也彌遠賜之審外几而子之定內力也有然賜於此更援詩

義以斷之而子而廣其義以相許者切磋琢磨而與以告往知來是也（力大思沉非名手不能道隻字）

古今事岐於異理能同之時間於離勢能合之不大異而求大同悟淺

也不大離而求大合悟淺也吾使之去所異盡存所同則形神親泛歆

而昧泛理而明矣吾使之去所離盡存所合則依似絕狥私而皆狥公

而親矣給我意而往獲彼意而來賜之竊古訓而子之　情之有然

子貢曰不辭淡泊能長其恥不羅文采能重其身[illegible]曰守儉必愚静与天游保豈多傲動与物交洵其進哉子貢曰咏歎十年凡志風雅泳覽六義敢廢邶鄘古詩我矣子曰前輓後鑒可以心稽詳論今貧愛歌風聽尔戀修哉賤也廣此入道無難矣噫彼禮篇注相氣什復歌詩者醫貧章哉

陶靖節不求甚解諸葛武侯畧見大意此言不可与拘牢文義言通文中解〻解脱片〻空明總不為言学言詩諸宿障除盡而奇悟淵〻致〻如引人入高山大海闊亦帖括中一奇觀也

子貢 陳

[illegible] 江南

子貢曰貧　全

謝金章

通貧富於詩聖賢相引於無盡而已夫切磋之詩非爲貧富家也然漸進之義視此矣謂不可與言詩也哉嘗思儒者終身學道而不得於典理相生之益無論目前皆已成之智而亦千古無可讀之書也善學者廣而通之使知境遇有定情則知進修無止法當其引伸不倦雖聖人無不樂於觀其悟焉何則身世之休塞吾人德業所由成也而時數之窮通又吾人學問所從出也然則人之閱世何必貧富何必不貧富哉維子貢窮約不受命而連騎結駟時至顯榮故曰諂與驕以之處貧富不可也則無諂無驕者尚矣乃吾黨楮冠而歌商頌而威儀棣棣日著謙光故子曰無諂無驕以之處貧富無不可也然樂與好禮者尚矣

斯言之守遲而不如忘遲者之安則矯情而矣若遂情者之至乎雖然
天下無窮之理不受深而止受淺遂覺此義之無多吾人治理之心故
者去而新者生始悔從前之莫恃古之人殆先得我心而求之矣詩曰
如切又曰如磋曰如琢又曰如磨蓋有工不倦成者良士必加修者進
而由今一再讀之似古人有書皆可以觧今人之義似後人有學皆可
以發爾代之心此子貢深有當於斯也而要之不以詩說詩視夫以詩
說詩者其淵涵為獨至矣於其已往驗其將來相與陶詠古情旁數物
類矣不可者而夫子曰可與言詩夫由貧富悟詩是謂詩中境也因詩
以驗貧富是窮境中詩也未有詩先有貧富不妨言在詩前也既有貧
富無不可以當詩不妨言在詩後也蓋聖賢進引於無窮者如此
星

子貢曰貧　全　　錢威

困境而益深焉聖賢相引于無窮矣甚矣聖賢之學難盡也由貧富而通之於詩知來於往寧有竟乎子與賜固有相引而深者哉且學者入而親師出而稽古學道數年不必其有成見讀書數年不必其有成辭所以啟我心者唯得其不已之神以相求於無盡故即同堂論說之徵而得師友稽磨之樂夫亦可驗然于名理之通矣是故與人言境不若與言御境之理境一而已求之於理而茂深之証分焉且有志詣理不將竟求入理之心理亦一而已通之以心而領悟之思啟焉然境之所歷者不獨貧富而貧富足以深之矣子貢殆深思乎處境之艱而有無諂無驕之問其問也殆以為上也豈知樂與好禮又有引而彌深者

矜子以可許之知制貧富者自有其道以未若進之知忘貧富者又有其純則未若非求於可之外而即見於可之中也則可不論境而論理矣然理之所深者不獨樂與好禮而樂與好禮是以語之矣子貢始曠懷夫相長之幾而忽悟於切磋琢磨之語是語也以咏治物也豈知由粗況精固有相觀而降者乎觸所引在詩一若詩入入吾心而謀所悟在夫子又若吾入詩人之心而諂則斯不離詩與夫子而不必泥于詩與夫子也則可不求理而求心矣然心之所通者不獨言詩而言詩之以許之矣夫子始進推其明敏之奥而有言詩之與其與也就其引詩言也豈知告往知來固有旁通靡竟者乎即所告以為往告者往而來知之未往即所往以為來之者來來而吾也知之來乎來必知不必于

今月之言而見亦不必不務今日之言而忽近[illegible]可以遠理也
可以遁境矣故貧富境也未若理也理至而無不可磨之境切磋琢磨
理也告往知來心也心盡而無不可明之理此賜得聞一貫與曾子同
也

有起有來如題三節作三比銖兩悉敵而中闊神理一天鑪錘全化
是不拘乎法而法自從不遲於才而才自大者吳越壇坫中爭以顯
民爲引重其學固萬人皆見也

傳是編　江南

子貢曰

錢威

子貢曰貧 一章 仁和錢璋

人

[illegible]無可是之分善悟者無滯境矣夫可也未若之青撿處境非

磨也而乃於詩言通之其所知者不有餘於所告者乎且理之覆

其端者必有以要其宿此固入理者所謂不離其宗也然藏宿於

端雖以此始者必以此終第局於端之所覆而絕而不尋則端即

心氣已徵明通獨上

初開而意之無餘者已與端而俱宿而宿既無擾乎端之數端且

根夫宿之程君子於此慨然而有拘墟之嘆矣嘗思之境苟非跡

乎其巔則謬以孤往之請進而彌上亦轉覺今是而昨非而又非

越境而求一境也正使進境方開而境之緣境而[illegible]者更復不勝

境之引則與為無涯直旋轉於功力之候而學問視為乘除之我苟非獨而無對則雖以創獲之解積而愈有亦何難立少以駁多語妙何減出龍而又非襲義而枝其義也正使精義初生而義之隨義而族者更復有變義之餘則沿而不止直抽擢於靈府之藏而意緒莫窮其蘊縮乎其說在子貢之論處貧富矣今夫貧富而論驕人情也其有能矯而制之者斯亦可以為難矣然使進而能樂進而好禮其視向之無諂無驕者若乎未若乎記曰學然後知不足如是而已子貢恍然於淇澳之而言而有會於斯之辛約而去遠也蓋淺彈丸脫手深隨所自得而總不容以滿假之意錮其靈明況佟少能每因而

下則又何敢以求息之肩頹於中道如切如磋如琢如磨亦何
二隱相合耶而吾乃不禁有嘆于賜之善悟乎所知之餘於所告
一恭中作無盡試玄理獨探名喚珠落
之一萬物之以機相喻也其理每圓而神而要其圓而神者必視吾
心之所通以伸夫幾之所屈而後幾之深藏若虛者亦轉屈以為
伸詩言之悟幾之屈焉者也而何以通未若之旨而連以相及者
轉若其幾之已伸而賜特溯其倒乎知幾者其神固非徒屢中之
能矣萬物之以變相乘也其理亦易以貢而要其易以貢者必視
吾心之所融以順夫變之所遷而後變之緣不以生者亦不逆以
故順於告之辭變之遷焉者也而何以融詩言之盡而曲以相傳

樹青齋

者渺若其變之大順而賜皆立而至乎觀實者獨微更非徒六二
之智矣、告諸往而知來者賜其可與言詩矣而豈望處境之學之
進哉嗚乎善教不如善悟小知不及大知君子於此嘉子貢為善
學而知夫子之扶而進之者神也

一片悟機妙緣無上七處徵心應作如是觀　陳句山先生
清遠如楊枝月露又如萬布飛泉　何撝亭師

子貢曰　錢二

○○子貢曰惜　文也　謝　俊

文質不可異觀去文之說偏矣夫君子之立說不可偏也欲盡去
文者殆未知文質之初循乎昔子成古世之一說苟不游衡焉
而曰其平則雖意之異於俗見足以加人一等而矯枉過正未免
有時重時輕之失甚非所謂無易由言者也夫天下固無繫文獄
質之君子也則亦豈有去文存質之君子哉如之何有是說也乃
是說也世方騖于文勝而獨有江河日下之憂則黜浮之實見焉
是亦古之君子也然而太甚矣人方亡其本質而獨有黃農未洽
之思則反樸之真心焉是亦今之君子也然而太簡矣信如夫子

鳳雛錄選

之說則文之不容掇乎質也故誅夫文也不虞此之誅極又將爲
不返之勢乎勢亦窮矣且質之不必勘以文也故伸夫質也不至
彼之伸極又反貽過激之悔乎悔無及矣惜哉惜哉殆非質有其
文之君子也一夫吾則亦何惜乎夫子之說也一伊誰之祭也野則崇
上子也不是長撇一減闕
矣故辛有之適伊川有不及百年之嘆豈非識微君子者乎知之
何異質之勝也虞〻蒙曰焉用文杞侯之禮也夏而夷矣故夫子
故作春秋有貶焉為予之書豈非救時君子者乎奈之何使文之
言也質〻鑿曰質可據一若是者固不如有相術之說在也試與矣
乎言文〻以行乎其質者耳故忠敬之情而非揖讓以將之說

乎哉未見質之獨勝於文也得斯說也可令文還其文因與夫言質〻亦必藉以文焉耳儗礼樂之作而由和敬以達之相藉耳矣未見文之還殺乎質也得斯說也亦可使質安其質若不并片一之說而有所偏于彼則大雅之君子將不可復作矣此不存並行之說而有所抑於此則先進之君子且真為野人乎此夫子之說之所以可惜也然則夫子甚無執一說而自貽駟不及舌之悔也

緩〻如松下風高而徐引 原評

映影暗香撇欲坐卧其下

第四冊　卷十二

如切如磋如琢如磨

賢者忽誦衛詩、其比物之辭可述也、夫切磋琢磨、豈以一進而輒止哉、而詩言如之、寧惟詩之見云爾乎、子貢有感于未若之意而難言（傳神）而忽得一二言曰甚矣哉盡境之難而進境之不可已也、於無盡者而不欲其盡苟有進焉亦若以為已如是焉可以盡矣、於方進者而必欲其盡即有進焉猶若以為方如是焉而未有盡也苟以日進之（正）（傳神）心君無盡之理求諸古人（點題）抑何祀、而靡已乎、賜嘗讀衛詩、發忽之（影咏骨角）矣而茲忽不覺其有觸于淇澳而言也、天下物之堅者即非至堅者之可比而亦非不堅者之所可托也、于此而欲攻其堅則必有方矣（劉下句）

蓋切之而堅者不能復恃其堅也乃洽其粗末及其精緒之以磋而
切○磋○不○乎
向之切者至此而改觀焉則無謂此堅而不加之以切抑無謂此堅
而不絶之以磋也天下物之至堅者既非不堅者之可托抑猶非堅
影洽玉石
隨○上○句
者之可比也于此而欲攻其至堅其必有道矣蓋琢之而至堅者不
琢○磨○不○乎
能終守其至堅也乃得其似未得其真絶之以磨而錯之琢者至此
而又絶焉則無畏其至堅而不加之以琢亦無畏其至堅而不絶之
古
家
兩○邊○夾○說○正○具○微○四○如○字
以磨也詩人曰此何其似我君子也彼豈有學問微渺之故而進之
不已如是浮氣亦所不參矜情亦所不試亦似有得于潛于之削心
主
而朝考夕稽心力瘁而無敢自寧詩人曰我君子亦彷彿其若此焉

夫豈有藉彼鏡此之情而繩繩不已如是已精而益圖其精已密而益圖其密一似有同于小人之用力而朝乾夕惕積累勤而無敢自逸如切矣未已也復如磋如琢矣未已也復如磨方其未也而切與

題中本有未若意即是為下

琢偶得所據亦自有甘苦自知之數乃前頃已往而無可恃後頃將

文斯字作地

來而無可已從切與琢仍非止息之時及其繼也而磋與磨未獲所處必有驚傾難安之隱乃且前且卻而中立既不能日新又新而精微未有底即磋與磨豈有終窮之日古君子如是其亦有未若求若之意欲賜是以誦淇澳而言而不禁悚然以思也

未若是一層求若是一層俱于詩詞中寫足且得端木氏會悟神

黄際飛小品。論意

情亦嶢刻。亦淡遠。酷似金嘉魚。劉梧岡

切琢照上無驕諂。是下文斯字一半。磋磨照上樂好禮。是下文斯

字又一半。切而又磋。琢而又磨。照上無諂未若樂。無驕未若好禮

如此看。則本題八字中。早已有來。若求若意。不待說出下文斯之

謂。而斯字神情。早自本位中跳脫而出也。起下文即在本題中。夫

豈虛竭之謂。張慎五

切如

子貢曰詩云　二節　王之醇

詩未若之旨於詩、聖人亟與其知也、夫切磋琢磨、詩豈爲貧富言哉、而賜之知乃不滯於告矣、故可與言詩、且夫天下之理日與人（原批落、）心相觸發而未有止也、拘而鮮通者不能引伸以相及則言境止此境也、言理亦止此理也、甚矣知之難乎其不滯也、有如未若之說、予爲處貧富者告也、而賜獨有領悟也、曠觀物理無在可以執一不獨貧富然也、而賜別有創解也、博覽目前何者不可舉似即由貧富推也、賜知之矣、賜也、因所告而油然於淇澳之兩言矣、夫世之讀是詩者多矣、幾不解治罷者之累進而深何謂也、而詩之

（會意）（伏、、、、、）（原批筆筆生動）（原批絲龍隔石）（原批樸謂字雋永）

王鶴書時文　論語　銅仁張宗師月課

（此句靈妙）

言窒矣賜於斯而發其曠想遂覺貧富之見已往而切磋琢磨之

（即還）

解忽来也即賜之讀是詩者久久矣向不解治性如治器者之累進而深何謂也而詩之言隱矣而斯之義亦未顯矣今者會詩於斯而供其証據遂覺樂與好禮之見已往而切未若磋琢未若磨之解忽来也予曰異哉賜之知其不滯矣哉忽焉而有知也借引

（詩只是指証）

（原批一語解之）

於詩不闕詩也而如此言詩是詩之奥旨也言之可也忽焉而及詩也偶會於知并不闕言詩也而如此能知是知之旁通也與之

（原批清妙）

言詩人奚不可也盖天下之理往来無盡其以言傳者瞬息焉而不留皆往之類也猶貧富之說也其不以言盡者融會焉而可思

皆來之類也猶所咏切磋琢磨之說也教學之相長有時在告者之所引尚淺神明之曠解無限覺知者之所悟獨深夫而後言境不止此境也言理亦不止此理也宇宙之大名物之繁在〻皆可作來若觀也賜之知其不滯矣哉

空靈超雋擡思曠茗柯勝場 焦廣期

淵乎妙哉空山無人水流花開 張百川

雅不在鈎章棘句其興味自然清遠足為冰雪聰明也 陳師洛師

一卷冰雪姿避俗常自攜 蔡芳三

詩云如切如磋 一節

王步青

賢者忽引衛詩、因聖言而有悟也、夫切磋琢磨之詩、何與當日貧富之說、而賜及之、維賜亦不知其可以及之也、曰以固有恃於己、然阻於未至、而謂天下之事盡若（未若來脈）苟可以為而止者、夫謂苟可以為而止、則夫挾其一得而沾沾封己也、曷足怪乎、而賜今者乃與（領覺義虛神都到）然也、分量莫明於相形、恃者不知其何以忽而失境地、每存乎相引、變者不知其何以忽而開、有是哉、斯之謂也、夫子始教我以詩也、曰如切如磋、如琢如磨、我想瑕類之徵、因美好而愈出、彼鹵莽者固無由自見耳、迨夫質已呈矣、而瑕疵者依然、璞則示焉、而玷

四如字虛神能以完取

予者交集我寔啟之以端而欲人之群諒其已能而寬假於未能也此必不得之勢也則既切而磋已策其前既琢而磨已隨其後者無窮之故大抵如斯也我思工力之殊以並存而益顯彼專已

字字刻雋

者方自謂足多耳惟夫此之所就甫云因質而完彼之所較儀為騁能而化我寔居乎其介胡然長保其故吾而不復驚心於今我也此萬不可已之事也則欲與之磋而切寔形之欲與之磨而琢寔迫之者相乘之故大抵如斯也賜以知天下之事苟其以為可無之而非可也始而如切々斯可矣始而如琢々斯可矣且安知夫未嘗切未嘗琢而惘然無所加功者不修然自以為可耶而苟

以為未若則亦無時而若也切焉後磋切識未若乎磋耳琢焉後
磨琢識未若乎磨耳且安知磋之後不更有磋磨之後不更有磨
而愈然而不知所窮者不終身仍見為未若耶彼藝能之末猶然
見物理之無窮何莫非斯之謂也彼睿聖之君猶且念精勤之難
己諒亦以斯之謂也賜今三復寔獲我心矣

竿頭更進　妙

中二也只是義理無窮未可自足之意妙在緊貼切磋琢磨上
剔畫出來便脫盡時下寬套浮詞後幅印合可也未落亦徵善
下轉語　吳荆山

以精意寫悟境以寔理發靈神是其識到語止說詩意了未若
則是其神到也識到處可強神到處不可強也　若林

詩云如切　謂與　王思訓

賢者悟學而借證于詩焉夫切磋琢磨皆有未若也子貢稱證之

詩其善言學哉若曰今學者何以處無窮之理還之古今而已矣（必元備得亦精）

與乎若夫屢求而益至者其道不必不在古人何必不在今[illegible]

是哉子之以未若言貧富也賜于斯僅待所以處[illegible]

得夫子之意能言夫子之言乎而後乃今覺詩之似夫子也者[illegible]（有留映）

淇澳之首章其言切也視未切者進而未也進之以磋而切者[illegible]

矣其言琢也視未琢者進而未也進之以磨而琢者諫矣則甚矣（蒼翠鬱渝）

詩之善言學也擬之議之忱于菉竹之勞見粹修焉而引之抑[illegible]

若有與金錫圭璧之微隱相合者也賜其尚作衛風解哉引而彌
（機到神熟）
長者造物之無盡藏也積伸成屈詩特微措其端焉而已是而旋
非者儒修之無止境也由淺造深詩特約畧其旨焉而已賜其尚
（頓點斯字映落九）
作衛風解哉機以逆而日新其示人以不可執如斯也神以用而
（天矯風詠玉）
愈出其示人以不可已如斯也業以術序而加詳其不人以不可
蹴如斯也味以領取而彌肯其示人以不可少得而自足如斯也
觀于斯而詩豈夫子之言哉詩即夫子之意也詩即夫子之意詩
亦即夫子之言也天下事何在無一未若乎甚矣詩之善言學而
（老極靜極）
賜誠不欲作衛風解也其斯之謂與

評

子貢曰詩云　二節

江寧　田綸

不泥於詩者可與言詩、一知之相通于無盡也、夫古人之詩古人之知也、賜于來若之旨既曠然矣豈復泥于所告哉且學者一恃有古人之言毋恃有今人之言即得聖人而師之甚無謂也欣處今人古人之中必欲會其所聞自出一說君子又懼其學之無本惟無所聞則已一有所聞即有所動古與今皆若暢所言下一堂此其意乃所謂不恃乎言不恃乎以言求言而浩乎其有得者知為之引伸也今夫事事取法于所誦讀言言彷彿于所訓行不可謂非經生後學謹飭之所為然亦思吾之知何在也顧為是拘文牽義矣乎古者既通

（入手斷）（竅謂字）

國朝試[illegible]牘　上論　江南趙宗師月課一名　一畝樓

國朝試牘冊　上論　江南趙宗師月課一名　一畝卷居

知遠莫善於詩乃誦詩不必執全詩之文約其旨是以有三千之刪今日引經比事尤莫詳于詩乃必讀詩而後有解詩之悟極其致不過至三百而止乎貢則太異是論貧富而知天下無不可處之境諷淇澳而知天下無不可通之書類求其旨趨節取其文詞如所云如（雋潔清曠）切如磋如琢如磨梱此而言會心獨遠曰其斯之謂與子曰賜也豈嘗于章句間益神智者耶衛之風人得賜而快意不獲起而商訂于（淡遠可味）一室風人之恨也有代為之言者可以無恨已賜也豈偏于編簡外遇深遠者耶今日之我得賜言而快意且為賜留其有餘古人惜我也詠歎之不足又長言之可以無惜已然賜之可與言而無復有拘

韋之蔽者何也。天下之理，非言者諭之，聽者諭之也。一出於言者之告，則故；一出于聽者之知，則漸；一出于聽者旁通之知，則愈漸。吾今與賜言詩，祇覺賜之目前，且無非詩之義。天下理之相長，非言者長之，聽者長之也。一得諸言者之告，則後者可存；一得諸聽者之知，則前者可去；一得諸聽者無窮之知，則後者皆可去。吾今與賜言詩，又覺賜之意中，不必存詩之見。子于賜詢有嘉嘆，雖已者乎。是則教學以知相求，言境可也，言理可也；聖賢以知相入，有言可也，無言可也。雖肰同一知也，而知二知十，則有間焉。假令顏氏子處此，又未知若何矣。

立身題外而能取題隱神此種文心正如玉沙㵲草令人不作塵
世間想　原評

文心清遠時家俗翳浔片時不在眼前吾懸以之謝惠連詩品莊　高參

子貢曰詩云　　朱桓

賢者因論境而引詩非無見而云然也夫夫子初未嘗及詩而子貢忽有觸焉則詩所云豈猶樂與好禮之云乎大凡學者奉一先生之說輒曰吾師嘗云爾而我以為不可遺其教亦不可泥其教遺焉而絕無所證明非善承師教者也泥焉而別無所領悟更非善會師教者也而子貢乃邈然遠矣方夫子之示樂與好禮說已盡于此矣而繼志繼聲旋有欵欵陳詞者伊何人歟即子貢也方子貢之闡可與未若義亦蔑以加矣而可弦可誦更有凨凨入耳者是何言歟乃子貢之引詩也夫子貢從事于詩久矣平居偕小

子同學而選義考詞不越興觀羣怨之外風昔向師乙審歌而眈思旁訊常在商齊雅頌之間然而當日者夫子論貧富也非論詩

寂起全文　讀吹取意　承不可遺

也子貢何以云焉緒以絕而復興不抽其緒不足以闡發夫聖言而子貢則津津有味矣至人之啓迪無涯而若贈焉若答焉有合

取其斯之神

諸論貧富而併爲一談者若曰言猶在耳予豈忘心如詩所云何甚似我夫子也夫安能默爾而息也機以窮而忽轉不觸其機不

承不可泥

足以引伸夫明訓而子貢則躍躍欲動矣斯理之精微雖覓而長

取而知之神

言之永嘆之有較諸處貧富而更進一籌者若曰我思古人實獲

吸

我心微詩所云未可盡我夫子也而何弗相說以解也然子貢非

先有一詩之見也彼夫壊遲自得詎陋衛門晏粲雖華交稱邦彥流連列國之風何在不供其採輯而初念不存焉要惟敬聽子言而頓生奇文共賞之思故說不在乎繁稱若肄業之偶及而詞不必其己出祇數典之無忘抑子貢固別有一詩之解也彼夫弗過弗告樂境殊深無止無儀禮文當盡生長大河之側何一不助其辭章而會心不屬焉要惟深維子說而獨見襲故彌新之妙故意不同于請益自操夫土音而論弟避乎更端忽有懷夫先哲觀所引切磋琢磨而賜之知進矣

脫上不得亦粘上不得不脫以照其斯之謂不粘以照告往知

夾開講已舉大意中後而綫相引一絲不紊微妙難以言傳原評

上文是告往與節是知來本題五字是箇所告以啟所知然只

似鐲類而長悟景至其斯句總滑暢明再子貢係衛人下所引

恰在淇澳之美武公又須具隻眼目注心營戛戛獨造老去漸

于詩律細惟我朱文足當之矣曹揩珊

子貢曰詩云　二節

月課桐廬縣學一等一名　江　樹

悟有通于未言者可許之以言詩矣夫淇澳之詩夫子未嘗舉以告子貢也乃知來之識足以通之非真善學詩者哉今以學之無盡者也惟是旁參一說遂以見學業之必通也哉顧舉絕不相蒙之文援為脗合無間之論此其心源之膺瀹推而廣之固無復義蘊之留餘矣未若之言夫子之告賜者亦就貧富以為言未嘗有一語及詩也然而賜已悠然遠矣今夫詩中所載有以作者之意會之者有不必以作者之意會之而俟學者之意代為作者會之者以學者之意通作者之意而詩遂隨所舉而有以相當一說詩之

決有以吾意釋經意者有不必以吾意釋經意而吾意既得反以
經意釋吾意者以經之意合吾之意而觸又隨所感而有以相應
詩云如切如磋如琢如磨見詩也果何謂也而賜乃忽有感於斯
也謂學人之從事於學也論其所指遠其所寄斯固非其指也詩
人之寄懷不過形焉而得其似也月彼既以形之矣吾又取夫彼
之形之者形吾之所形所以詩之意皆足以解斯之意特偶於（妙寫）
（釋悟發明）
淇澳之詩一致之也乎抑學人之從事於學也要其所歸略其所
論斯亦非其歸也風人之歌示不過喻焉而得其類已耳彼既以
喻之矣吾又取夫彼之喻之者以喻吾之所喻則凡事之情皆足

以達詩之情將不獨於淇澳之詩一及之也乎可與言詩舍告往知來之賜而誰與哉以是知書爲曉者傳執者不可與讀書也惟舍書以觀書而書中之辭往往遇以書外之旨斯解悟之獨妙於神抑事爲見者明就事不可與衡事也惟徹事以關事而此事之疑往往釋於彼事之解斯會通之可合于二然則夫子亦就詩言詩耳知來之識其可與者寄諸詩也哉

作詩必此詩定知非詩人子貢之知聖人之與非此玲瓏之筆不足以達

子貢曰詩　已矣

歲試汀州府學一等一名　李凌雲

詩通未若之境，惟識所謂者可與言焉。夫淇澳之詩，非言貧富也，子貢誦詩而得所謂，則豈不可與言詩也哉。且說詩者，不過索解於言中而已，特未嘗說詩而以為此中有詩，則學以相引而益深。（上下精神融洽）蓋會心不在乎遠，而機觸而動，將詩中不盡之旨，正難與抱一境以自封者言也。（反扣熱題）聖人所由聆其言而不勝珍重焉爾。未若之言，子與子貢言之矣。子貢何如者，命則不受矣，向自紆迴於貧富之中，今且超然於貧富之外，不意入世之襟期，固有變絕如斯者也。億則屢中矣，向猶未會乎驕諂之故，今乃獲絕乎驕諂之原，不謂我

生之孤詣固無盡藏若斯者也然則子貢尚何言哉而子貢曰
進無疆者志士之永矢緣其始而不得其所終則守故我而不覺
其嘗之淺自夫子言之乃以見吾人之畫於半途者固多矣自強
不息者學人之所以懋脩歷其程而不究其所止則闢他端而莫
識其境之新自夫子言之乃以見古今之優入聖域者有自矣詩
云如切如磋是切未若磋也如琢如磨是琢未若磨也是非子之
言也其與斯之謂與予曰扢雅揚風才人固多長言引興之趣斷
章取義學中未有比物則肖之真賜也乃於切磋琢磨聞得富有
日新之機乎哉淺言之而以為無足深求微言之而以為難於驟

會斯滯甚耳乃詩人無以揭君子刻厲之苦心方且沉思澍慮指
良工以爲其精能而後亹亹言之也顧何以予不轉瞬而賜已直
道其繼長增高之致則詩言固無妨於半爲吐也於言之而以爲
道不在是廣言之而以爲指無所歸斯拘甚耳乃詩人無以抒其
生平慕悅之深意方且曲喻旁搜視治物以循其次第而後一一
言之也顧何以予言未畢而賜已劃然於高卑遠邇之介則詩言
何難於默爲通也賜也始可與言詩已矣蓋學當多識之餘而英
華可以投贈則領悟自遷心有貫通之候則風雅適以宜人而進
脩何限告往知來今而後子與賜其皆以詩相發矣乎

上節陡然入悟處難於傳神下截悠然心契處難於着筆似此鏡花水月境地當息心靜氣以會之

子貢曰詩 乙亥

子貢曰詩　一節

興化府蘇太尊歲取二覆青田第一名　吳應標　仲纘

賢者因境而有悟即詩言以明其意焉夫天下理之無窮者不獨處境然也彼詩之咏切磋琢磨者不與斯有相發乎子貢因夫子未若之言而忽有悟也曰天下之理苟執一途以觀之以為此理無留餘矣屬詞知引而伸之而此中之相繼者正多也是故事無論內外功無論精粗大約去其所恃而每進而日新者皆亹亹與我以難安不然而添連層雅昔人必不厭精進之功此何以稱耶如夫子樂與好禮之言斯為貧富言也而寧釋為貧富言乎積一心之所守確然信其足據有子相與發之始覺境遇之嘗我者其相深更有進也此意何嘗不然乎衆生平之浮力意中見為已至有子相與示之始覺吾

（雅）（客）

（華情相生動）

上論　依原卷評點

身之所處其相引更有徵也此事昔賢告我矣賜嘗受詩至淇澳之
章有所云切耶磋耶功何密也琢耶磨耶治何精也雖然是詩也為
衛之君子而作也當日不過國之人作為文章以稱揚姱修已耳而
（數行一段氣自沛然）
何以即治治之精勤以想在躬之圭璧一若屢進以求厥功而功不
以一涉而畢多方以形厥修而修不以滑半而止此果何謂也哉豈
濱土之人士第為是溢美之許乎抑亦深見夫德造之無窮有愈進
而愈深者乎又豈古人之好勞為是無已之功乎抑亦實見夫當前
之義蘊有日積而日新者乎此其旨微矣今由夫子之言思之則是
（落[illegible]照）
學問之故皆可作切磋觀也義理之大皆可作琢磨觀也而賜于是
曠觀有感于斯矣天地之于我何限隨在皆有不盡之藏負留將至

淺者矣人固有一室瀟脩所謂可以有滑迨與之曠觀于斯而不禁
爽然失也無他其理至大昔之聖賢終身閱之而不能窮其蘊則足
之何時足也而不謂詩已見及此然後知天下事及之而後見其難
履之而後信其不足吾道之顯仁藏用大抵類如斯亦古今之處我
何盡隨在皆有遂深之致樂與好礼持其偶若矣人固有俯仰質對
所謂可以即以逸與之深會于斯而不禁皇然退也無他其義至深
古之聖賢夙昔誦之而不能畢其功則盡之終無盡也而不謂詩早
已言及此然後知天下事歷之歲月而愈邃用之畢生而不竭吾學
之由賴入微大抵皆如斯矣其斯之謂與今而後賜也終其身於斯
而已矣何時可自慰耶

歳太尊評

瑤島雲璈自非凡響

子貢

吳

詩云如切　一節　洪晨季

忽引衛詩因聖言而深有悟也夫切磋琢磨之詩何與當日貧富之説而賜及之俄賜亦不知其何以及之也曰人固有恃于已然限乎未至而謂天下之事盡若苟可以爲而止者夫謂苟可以爲而止則夫援其一得而沾沾自足也曷怪乎而賜今者乃婁然也分量莫明了相形恃者不知其何以忽而失境地每存乎相引變者不知其何以忽而開有是哉斯之謂也夫子始敎我以詩也曰如切如磋如琢如磨我思瑕類之微因美好而愈忧彼漠然不顧者固無由自見耳迨夫質已呈矣而汝疵者亦然璞則亦焉而玷

予者交集。我實落之以端。而欲人之辭諒其已能。而覺假于未能也。此必不得之勢也。則既切而磋已策其前。既琢而磨已隨其後者。無窮之故。大抵如斯也。我思工力之殊。以並存而益顯。彼私心竊幸者。方曰謂足多耳。惟夫此之所就。甫云困質而完。彼之所戰條。乃騁能而化。我實居乎其介。當不知何如之砥礪。以庶免夫故（是可也未若精[illegible]處）吾也。此萬不可已之事也。則欲與之磋而切。實形之欲與之磨而琢。實迫之者。相乘之故。大抵如斯也。賜以知天下之事。苟其以為可無之而非可也。始而如切。切斯可矣。始而如琢。琢斯可矣。且安知夫未嘗切。未嘗琢。而惘然無所加功者。不後然自以為可耶。而

如琢如磨

壬辰　徐藻光

精于治玉石者、琢而加之以磨焉、夫琢而不磨、猶未為精于治玉石也、宜詩與切磋並咏欤、子貢若曰、入徒恃其質之美而不施之功者、如玉石之未離其璞焉、（原批兩如字反別得醒）人既見乎事之半而僅淺為嘗者、如工人之未卒其業焉、賜盡于貧富之説而并有會于治玉石之道矣、一如切如磋此特比之治骨角耳、一質本諸羽毛之屬、則其理外察而中踈、若夫天地精華之所凝、而成者縝然而密、（陳批體物精到）幾無脈絡之可尋、一質稟于血氣之餘、則其性外剛而内潤、若夫山川光氣之所蘊而蓄者、渾然而剛、并無表裏之或異、則切之具非所用矣、鋒鍔善入迎刃而解亦惟其有間焉耳若無間可乘者不與之為迎而與之為距將反有以挫其鋒天物無瑕者則就其堅攻之故不以切而以琢一抑磋之器非所宜矣余京者尋柔摩厲以須亦取其易絀焉耳若物不相絀者弱與之所角必至于兩傷終不足以殺其澤夫生于山者還使其旅攻之故不以磋而以磨琢之為治也視切為加猛有精進之意焉相推而相激常與之俱碎而必欲破其完以視切之淬刃有餘者其力為彌鋭而鋭于學者其始事亦如之磨之為治也視磋為倍勞力拂拭之功焉相狎而[illegible]日幾與為俱靡而僅乃勝其敎以視磋之芒刃不鋸者其效為愈艱矣

詩云如切 已矣　　翁若梅

以詩証境深於詩者也夫切磋琢磨以喻學也賜能引詩以証處境之道而意不在詩亦不僅在斯真可與言詩者矣嘗聞詩者思

沿學緣生千貫可以詩

也思無往而不通也善讀者於詩中可通於詩外即於詩外可通

點移不到子貢身上文境尤如一泓秋水

乎詩中且於詩外與詩中兩無所滯焉正不必受詩教之傳而可與言者自在也若是者其惟子貢乎貧如進無諂以能樂退無驕

勁析奧通

以好禮子與賜言斯未嘗與賜言詩也然賜與子言斯且欲與子言詩也曰如切如琢言治之有緒也猶斯之可境也曰如磋如磨言治之益精也猶斯之進境也甚矣賜之言詩即賜之言斯也賜

之言斯即賜之言詩也顧執此以論賜則賜可與言而猶未可與（筆如游龍）
言也如以賜為言斯也則將賦君子樂饑淑人儀一取貧富之說
而確証之已矣胡為比物醜類遊象外而乙乙若抽如以賜為言（其與兩字神理俱現）
詩也亦惟是體正而範辭微而婉取風雅之什而揚扢之已矣又
何以飫理愜心超名言而默默自得然則賜之意其猶在詩乎賜
若曰吾言斯非言詩也子曰吾與女言詩而非言詩也抑賜之意（筆如擒蛟）
亦豈在斯乎賜若曰吾言詩不僅言斯也子曰賜不僅言斯吾轉
欲與女言詩也盖古人之作詩也書不盡言言不盡意言斯而不（二比情神圓結議論名通）
泥於斯不言斯亦未嘗無斯能令千百世之通人低徊而不置而

後人之為學也讀易如無書讀詩如無易意不在斯亦何必非斯
險而不陷華妙難傳
意不在詩亦何必非詩直舉古今來之載籍杼軸於予懷奇情在
章句之先解悟在處境之外言詩如賜其可與乎其不可與乎他
飛舞而出
日首子夏僅後之論子以可與言詩許之夫子子夏深於詩者也賜
想
推勘入密
不傳詩乃言之盡〻若此其與西河氏並稱也宜哉

熟處生新指與物化弟本博夫子

呆詮詩詞國屬粘俏混質言詩亦非正解若徑改言詩為言恐
學既涌洩下文復於題面有碍作者黍破機關獨闢生面局
陣極新脈理極細當以薔薇露盥手讀之李劍溪

三玉堂文儁　本　詩云如切

子貢曰詩 二節

元 唐若時

知有會于詩者、深契聖心矣、夫切磋琢磨子之所未言也、而子貢固所告而知之、非可與言詩者哉、且學者于義理之中。其必有靡竟之致乎。一見而盡者弗貴也。頗有歛然若歉之意。且有悠然莫盡之思、而觸類旁通之下。無不足以動聖人之天、而適契乎其心也。（反正以襯取兩節大旨）樂與好禮、斯誠無諂無驕所未若矣。夫聖賢有漸進之功力、貴自強于不息。一得焉而遂以自多、則至理之邃深反以淺嘗而惰其志。古今無易盡之義、蘊在有識以相通相參焉、而知其莫罄則大道之淵奧始以善取而發其藏。乃子貢則已誦衛風而知斯之謂矣蓋物莫不患乎治之而有不足于治者也彼曰切矣復曰磋彼曰琢矣復曰磨隨物之已治者而恆有遞加之功何治之不謂足于治乎觀于斯而知其說之更有進焉者詩言固已揭其旨已（極得悟後之神）物莫不貴乎治之而能有餘于治者也彼曰切矣而必繼之曰磋彼曰琢矣而必繼之曰磨因物之既治者而更有不盡之境何治之常欲餘于治乎觀于斯而知其義之更有深焉者詩言固已會其微已夫相証者師友之益積數十年之學問俾得聖人之許可（承上落下意味深長）而進之則欣然慰矣而相長者教學之情積數十年之功修適聞聖人之議論而深之則躍然思矣賜之即詩以明樂與好禮也賜

真善言詩者哉。而吾以知其所會者遠也。沐善誘之教。孰不宜層累以相及。而非寔有會于心者。未能知此中之旨趣也。賜也引詩而神其解。若有不敢以纖悉之弗致其精者。使吾心遺抱歉之端。是詩固一意。而賜之言之者自為一意也。耳目前之感觸。足悉昔人言外之隱矣。而吾以知其所悟者深也。懷詒極之願。亦安能自盡于半途。而非寔有速于悟者。不能知此際之涵涵也。賜也借詩而通其義。若有不敢以幾微之弗滿其量者。使吾心留未盡之責。是詩固有意。而賜之言之者倍覺有意也。神明中之融貫。足闡前賢未發之蘊矣。告往知來。子之以賜為可與言詩也。宜哉。方知理

而指自透露

末句不用跳剔

之引而愈長者必非浮近所能入而得之言中會之言外無非古人惟日不足之思而機之動而不滯者亦非講說所能通而言者油然與者怡然更可想一時相對忘言之樂夫聞一知十顏氏之子其庶幾乎若賜者真吾徒也已

絕不糾纏題中字面一往空靈覺層巒複嶺呼吸皆通　姚心求

氣貫而法變雲烟綿聯不足為其態也　姚平山

○○○子貢曰詩云如切如磋如琢如磨其斯之謂與

陳文宗歲試惠安學
覆卷一等第一名孫景　海寧　補廩

論處境而有會詩言可相証矣夫切磋琢磨詩非爲貧富言也子貢因未若而悟及不於斯而可相証乎想其承夫子許以所已可進以所未若此時子貢抗懷自守其於貧富一途益深砥礪之功矣作而言曰有是哉理道如此其無盡也學問如此其無窮也古今來進德修業日新不已在處境而正不在處境也而會維殷會心豈在遠哉向謂姱修有要得一或可自喜今者聆斯未若之論始覺理無盡藏非可限於得半之程蓋篇什之感觸如遇矣向謂

信心有在所守為可自慰今者得斯未若之言始知學無止境非可安於小成之域蓋詩歌之持贈若接矣今夫古人歷試之力風人皆能代為曲繪也而風人咏歌之旨後人恒欲援以叅觀也淇澳之詩不有云乎大抵詣力所趨彌進而彌上斯非彌上之境也哉夫道在天地放懷上下之間遥遥者豈容或輒詩人已微窺之矣爰是咏如切復咏如磋咏如琢復咏如磨一若啟其途而居其半者還當策其力而臻其全即起詩人於今茲應亦因斯而幸相為印証也操脩所至愈企而愈高斯非愈高之境也哉夫學在古今俯仰前後之際茫茫者豈有終竟詩人已默喻之矣爰是不僅

子貢曰詩云如切如磋如琢如磨其斯之謂與　孫景

曰如切也而必繼以如磋不僅曰如琢也而必繼以如磨蓋得其要而出之疊疊者還當究其極而思之深深即引詩人方一堂應亦因斯而喜相為契合也在賜也弗聞未若之旨亦以為進一途而遂以為精抑知義類靡涯見以為粗者固粗即見以為精者猶未精也想詩人形容曲肖雖顯繪君公之勤修直隱寓學士之先路則引伸觸類轉覺曩時之吟咏堪為今日之獲益者良深不夫子可也未若之論曷嘗謂闡一境而遂以為密抑知進修難已見以為疎者固疎即見以為密者猶未密也想詩人摹擬極工非徒為賢侯之舉似寔有見名理之高深則因端起悟竊幸今茲之

紫山試草　奎社六　己丑

感通皆從昔日之玩味而有獲詩之所云其斯之謂與

大師相碩士陳老夫子原評

面面圓通筆筆雋永而皆以宕逸之氣行之可云雅與題肖

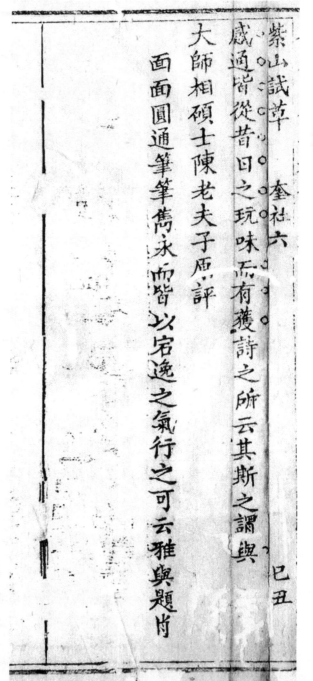

子貢曰詩云　謂與

起等第壹名　郭應登

善會未若之旨者詩言可通於聖言也夫切磋琢磨詩固非為斯咏然其理則自貫矣此子貢所以善會而有合與想其恍然悟油然解曰吾今而知天下事之不可一得自足者大抵皆如斯也夫大道愈造則愈深精理彌研則彌出會以心何勿通以象也得於今何弗証於古也賜幸聞夫子未若之論而不禁有感衛風淇澳之詩矣想詩人其亦有見夫為學之道如為器之剖微故粗不以示而精者益致其精然精則無已時也抑詩人其亦有見夫治亦之功如治物之去玷故疎不自安而密者更求其密然密亦詎盡

致也因為之咏曰如切如磋如琢如磨賜向者驟而讀之絶不解
騰挪有神
其所謂也謂既已切矣胡然而復磋既已琢矣胡為而復磨蓋謂
中挾一已可之見而妄意前脩之已足徐而按之終莫識其所謂
也謂切已至矣而何事於磋琢已善矣更何待於磨蓋不察此中
水到渠成
未若之旨轉似昔人之好勞乃今而恍然於詩之所云竟不然於
斯之所謂也夫不闢一途無以知前途之尚隘於詩而然於斯何
擧問無窮轉從中二句領會而出不僅空描語
為獨不然試思執此未切以視夫已切固未若矣抑知僅勝於未
意手眼獨絶
切亦止云可乎舉一未琢以視夫既琢誠未若矣抑知第愈於未
琢亦姑曰可乎則由是推之安知既切既琢之後不仍當以若未

（活潑潑地）切若未琢者常自慚耶寧有止途可限焉抑今而油然於斯之所謂宛有合於詩之所云也夫不擴一境無以見後境之猶賒於斯如是於詩何嘗不如是試思執此已切以視夫未切固云可矣而較之有磋者不猶未若乎舉一既琢以比夫未琢誠曰可矣而絜（更進）之能磨者不大未若乎則由是累之安知既磋既磨之餘不又以（佳句如山）無可磋無可磨者為更奮耶詎有故境可封焉蓋詣力原難自恃若以切與琢而苟且自安即是以無諂無驕而得半是喜學問有何終窮苟以磋且磨而精勤不倦即是以樂與好禮而日進無疆是知不揆其通則詩自詩斯句斯意義不無攸分而一融其詳則

詩即斯。斯即詩。機緘遂以畢貫。而賜自此遠矣。

瀟瀟灑灑不着一字盡得風流明人集中雅近包長明徐思曠筆意

詩云如切如磋 一節 張九葉

賢者怨有會於詩以進境之無窮也夫學之境固無窮也切之外
復有磋琢之外復有磨詩則云然而於夫子未若之謂不有相合
者哉且夫身之所閲固自進而不窮而詣之所臻亦日新而不已
恰是恰後神情
第名理自在當前學者乃習焉而不察也一經至人之啟牖不禁
恍然有會焉蓋古之人已有先我而言之者矣如無諂無驕而子
進之以樂與好禮子之稱斯也其謂之何理以近而自拘則無往
非愜心之境何論無諂也何論無驕也半途而止而所得幾何義
以求而愈出則畢生無可限之程何必言樂也何必言好禮也觸

處而通而會心不遠詩不云如切乎而復繼之以如磋乎詩不云如琢乎而復繼之以如磨乎璞不以示而精者益致其精玷無可留而瑕者益求其瑕在當時作是詩止以明學問自修之有序而比類成行以致其功力者所以開金錫圭璧之先在吾人讀是詩因以悟進德修業之無窮而觸類引伸以擬諸形容者更出於會弁琇瑩之外其即夫子所謂僅可者歟如切固可而第如切焉其猶未可歟如琢固可而第如琢焉其猶未可歟其即夫子所謂未若者歟切未若磋而既如磋焉其猶有所未若歟琢未若磨而既如磨焉其猶有所未若歟向亦嘗尋味乎詩所云而曾莫窮其旨

金和玉部

得此二比文勢停當文氣乃愈振發恰好

接說亦謂僅可二比

紬接

添說緊洽

趣也乃一聞夫〻子之言忽覺有無端之印合以是知頌讀之下

精妙 重疊〻片微波錦狀

簡編之遺蘊良多即令而懸擬夫斯之謂而猶未盡其端倪也乃一証以風人之旨忽更有親切之指陳以是知提命之餘往哲之傳心本合然則無所得而自以為得者妄也有所得而自以為足者淺也得乎此而未能通乎彼者迂也道固殊途而同歸學貴一隅而三反斯之謂與詩之言其猶屬一端之偶見也夫

[illegible]然意遠

清言雋旨吐納風流 原批

一片悟境如簡文入華林園歎會心處不必在遠也活潑〻地

○○詩云如切如　一節　張如曾

通來若之旨于詩而天下皆如斯矣夫切也而未若磋耶琢也而未若磨耶○詩亦有見於斯者耶而賜又孰非未若者也若曰無窮者理也○莫竟者學也○孰一長以自畫久矣其爲固矣而賜幾不知若是也○乃今而知夫子之教與古人之言其深相發也其必有合也則夫吾人之不容執一長以自畫也○蓋無在而不然也一處貧富也固有未若者耶○賜向者以爲無諂無驕是亦苦心而有所得也將亦可以止也而不謂夫子且以爲未也昔日之所得至今日而不足恃固如斯也然就夫子樂與好禮思之或者詩微之差已盡也其亦無所歉也

顧安知賜至乎此而夫子不猶以爲未也今日之所期至異日而難
後焉固如斯也賜乃恍然于詩之所謂矣彼曰如切如磋如琢如磨
何若是其不已耶非切何磋非琢何磨當其切之琢之以視夫未嘗
切未嘗琢者其(然情)亦可也然而止此矣以視磋之磨之者則不嘗未若
也賜之資味者有年矣而幾置之矣而今乃歷歷其動矣抑切有待
於磋琢有待於磨當夫甫磋甫磨以較夫未之磋未之磨者抑又可
也然而難轂矣以較既磋既磨者則又不嘗未若也賜之諷歎於聞
時矣而幾忽之矣而今乃歷歷如覩矣夫詩之言切磋也言琢磨也(即以加字對)
非爲斯言也然而詩之言如切如磋也言如琢如磨也其必有如之

者也賜以爲即謂斯之如之也可也且詩之言如切如磋也言如琢
如磨也非謂斯之如之也然而言如切復言如磋也言如琢復言如
無窮出清新
磨也其終必有如之者也賜以爲即謂斯之如之而於詩之義亦不
大遠也然則理固如是其無窮耶學固如是其莫竟耶賜今而知吾
人之不可執一長以自畫也蓋無在而不然也貧富云乎哉
只就阿堵理會不犯學問套語清靈敏妙着紙欲飛　原批
亦淺淡耳妙固在醒他人滿紙欲繪狀悟機都忘未若二字文境
乃似露叢霧合清旦爲昏政使我了復不解　屺瞻

子貢曰詩云如切　二節　　張振堂

賢者引詩以證所知、通其理而來者無窮矣、夫未若之理無窮、子貢非深知之、何以詩之境恍乎來會也、夫子與之相賞、豈復在詩乎哉、且名理有精深之域、非得會心人自領之、則穎睿之神不出、而積理之境亦窮、惟即一事之相迎、而機妙乎其轉、則無方之攻取、悉因片時之得解而生、乎此知大道日在兩間、而洞于鉢室者之神明不少也、無諂無驕、賜蓋為貧富者言之也、而樂且好禮、子已不第為貧富言也、斷時未若之旨、早隱然來矣、然而理趣之涵迎也、得一境遂生一境之新、雖聖人不遽喋指其端、俾涵而未靈

（新○發○乎○明）

（切○來○字○入○題○得○解○便○超）

西泠文萃　　二刻

而宇宙間迭起環生之致終情索解者之善乞其靈特是修途之易逆也閒一時遂失一時之悟在學者每患矜持其風節執而轉膠而舉業中求精進取之方適緣卑已者之自封其域今夫流連謳詠者風人之致也比物連類者學問之求也如切如磋如琢如磨詩之言曾何與于斯然而子貢因有會矣且天下義理何涯之有其所為日往而不積者大抵皆來者耳收覽采除之故流行者無滯機焉而旨趣不根于心得則其解不超也想子貢往復于言思擬議之表性靈終無以通其故一旦天倪相貢反覆轉而莫可急言始悟前日之研摩空言得力而心融理釋頓入遊吟脩唱之

此文精妙○空○心雕

象外○○得環中

卻○皆○伸○眉○文○情○錯○乎○東○館○

中蓋貧富之心早已不設矣靜觀德業之逐日起者自有功耳而故我不馳以新機則其端終隱也想子貢曰積累于鼓篋遜志之下學力終無以析其幾一旦意境相呈隨因端而深其觸發始信向來之成見尚頻拘墟將昔遠詞文無非辨志離經之益蓋弁詩之見可以不存矣其斯之謂其往者事耶抑來者機耶子貢之言何其引（妙）未若之旨而長也曰夫理恒餘于所告而學（學）每通乎其知知之數深于無所待（神理深心偉以心精）使學問可盡于語言則告者之神先窒矣彼夫風騷之業卌境中豈設此形乎而蘊藏無盡經引伸而理若循環將道可逢源豈徒以妙解發文人之秘知之精通于無所觀使

義蘊不參諸親歷則告者之趣不靈矣彼夫篇什之指修業中遂無此境乎而寄托遙深得解人而談言斯別將理根性業在可以無言與逝者之真靈直决乎深許其知而貧富之解往矣即言詩之故又往矣使不識來者之無涯將復終身誦詩遂為風雅中人哉

韵遠神清精理通其談笑言乎局度奇推舉業中萬選錢　朱丙森

詩云如切如磋　已矣　其一　陳宏衢

不言詩而與詩過深於詩者也蓋徒以詩論詩則切磋琢磨何與於處貧富之說哉能通乎淇澳之詩即可與言全詩矣且學者治經不必終日呻吟也當其意有所觸每與古人相引於無盡因以得諷詠之情蓋事以無端而相感理以互証而愈明讀古人之書無往不與古人遇而精神意氣剛乃真有遙遙相契者矣稚論無驕而進以樂與好禮斯言也夫子為處貧富言之也謂乎斯之說可與言處貧富已矣而不謂賜乃適解於詩也夫詩之作也其諷諭在精微之地而至纖至悉皆可以身心性命之原其在

復多寄托之端而見淺見深者不在文字語言之内即如淇澳之
詩言切磋言琢磨非有分當之說在其中也乃言切復言磋言琢
復言磨明有可也未若之說在其中也詩曰如則曰有如之者也
賜曰如則亦有如之者云謂斯妙其謂斯歟而賜於此得詩音
矣蓋吾人得力之處華之不見其倪而偏徧會心偏覺相引相推
皆有歌泣欲來之眼故意之所寄往昔之心源可接而古人寄意
之端窮之莫測其妙而當機觸發偏覺一字一句皆有旁通曲折
之神故情之所契風人之微細墻追夫于於此亦不極情往於詩
也以為即淇澳之詩言之而勝遠矣何者為切磋何者為琢磨也

年好德之人心有味於親炙之餘者已不勝其曲盡形容之致自賜言之乃又有一境地也想其意中亦無所為淇澳也三百篇皆可作淇澳觀也離淇澳之詩言之而賜愈遠矣何者非切磋何者非琢磨遐想篇什之雅陳所寄於言思之表者何所容其牽義拘文之迹自賜言之當更有所感觸也想其於心中亦並無所謂詩也無所往而不與詩遇也此之謂言詩然乎可矣原其意念亦在甘苦之中得其會通不謬歌吟之旨吾黨有聞教於夫子而曰何詩近之是讀衡泌而後言樂讀相鼠而後言禮也其所得於詩者幾何哉

體整而肅氣舒以徐僕屬徵至而馳驟萬里韻九

不豈不敍都到恰好處光九

[子貢曰] 詩云如切如磋　已矣　其二　陳宏衢

詩云如切如磋　已矣　其二　陳宏衢

通未若之旨於詩深於言詩者也蓋言詩貴得詩之意切磋琢磨何為而通於處貧富乎可謂善言詩矣且天下有本不相涉之物而無端之感忽以意乎此亦存乎人之善悟耳蓋一事各有其始終而一言必有其表裏領而會之見往哲之心引而伸之得風人之旨尋章摘句者無怪其白首茫如也夫子與子貢論貧富則惟就貧富以言貧富而已賜於此苟暢然於未若之旨賜已進矣即夫子之與賜言者亦無遺憾矣而賜乃躍然以起也曰賜向者嘗讀衛風淇澳之詩而不覺有味乎其言也其始曰如切繼曰如磋

又曰如琢繼曰如磨古人不自暇逸之心固如是之切至矣必繼之以磋琢可矣必繼之以磨古人不自滿假之心又如是夫賜蓋因夫子斯言而恍與淇水之詩人相往復也夫詩人亦安得如賜者而與之相往復也詩之作也其隨觸在高曠之間而思之所托天地不能留其奇蟲魚禽鳥宇宙間至無情之物皆可悟學問文章之大凡會心者類皆有此懷抱也而訓詁者直望洋也其諷諭在語言之外而義之所該舞蹈不能盡其蘊一名一器天地間至纖悉之物皆可與道德高深之事凡感懷者又當更求百境也而章句者徒拘墟也如賜也始可與言詩也已夫賜所悟者一詩也

古人垂示之精。一字一句。皆有全理注於其間。不領會其大凡
偶竊緒餘。終覺不類。賜能讀二百。乃能讀一詩。一以貫之也。此賜
平日之治詩也。吾人窮經之法。至紛至賾。皆有綱紀握乎其間。此
不滯於一隅。即篇什雜陳。總無異旨。賜能讀一詩。即能讀三百一
以蔽之也。此賜今日之治詩也。夫學詩者。學之一端。學者終日揆
葉掩卷。茫然。童而習之。終身不知其所謂。於詩如此。其他可知矣
切且不能。何有於磋。琢且不能。何有於磨。然又何者為可。何者為
未若哉。故惟賜能與於詩。亦惟賜能與於斯也。雖然。子貢知有斯
而已。詩特其觸焉者也。而夫子即情深於詩。則又神明於詩者。

筆意不重言詮是既截出戶當移步換形竊自、音尚無沾滯之

音自記

筆墨都化烟雲文中仙境詢九

子貢曰詩云　雷鋐

言境而悟詩得詩意焉夫子貢所言貧富耳而所悟在詩非有得乎詩之意耶今夫人不執於境而一境之中又生一境其大較也如子貢言無諂無驕子進之以樂與好禮此第為貧富言也貧富外無他及也第言貧富之未若也貧富中無他指也子貢于此默觸其貫通之處覺當前之妙即境可思隱動其解悟之機即質對之餘會心不遠於是聆未若之語而恍然曰子言樂與好禮乎夫樂與好禮之意不特貧富然也子言未若乎夫未若之意亦不特貧富然也天下固有涸焉一事初聞之渺無所得及一經曲折此

挑　微

境全神俱到

跟定未若

紆徐不迫最得題境

空中生想恰從問字下領詩云

小題　虎

中之樓趨款款來會窮知示我以沉吟之致天下固有同焉一理

寫雲明

作接之如有可憑更一為流想此際之情思亹亹若出不窮旣我

不愧詩云神理愈見

以徃復之神賜今者意為之怡也心為之淡也言境而不見境也

且言境而無非境也是知讀書十年不及恭觀一日貧耶富耶是

水到渠成

舉我千百卷之書恍惚欲来也章句研求何如性靈靜照樂耶好

禮耶是舉我一二言之蘊彷彿欲吐也夫不有詩乎不有詩之云

超絕

點出

乎今而後賜意中幾不作一貧富想矣誦詩可也

詩云上不輊落筆詩云下不添一筆意到神到粗心人未觧也

在摄

子貢曰詩云如切　二節

學一等二名

[illegible]訓侯官縣　劉鑛

賢者忽有會於詩、其知可用也、盖惟所知者遠、故能通切磋琢磨之解於所告之外也、子許以言詩、亦許其知耳、且人謂非讀書不能生吾心之悟、吾謂非善悟不能讀古人之書、故學中不已之機、原從心而生、不必從古人而生、特其悟之所觸、有忽曠然於古人之片言者、是進乎解也、進乎解、將無之而不解矣、如子之告賜以樂好禮也、就二人以觀、此之能守、未若彼之能悉、賜知之矣、然理相引於無盡、則安知已若者、不更有未若乎、賜知之乎、就一人以觀、始之能守、未若繼之能悉、賜知之矣、然學日新於不已、則亦思未若者、將何以求若乎賜知之乎乃子貢已浩乎其有得也曰賜誦詩矣天下之理日進而日深苟其安之無弗故也無如僅有一可者引我於前覺後此之相待靡窮即欲自安其所造而不能予不嘗誦切磋琢磨之詩乎幾慫古人有不安於可之思矣今乃知隱隱為斯生一解也吾人之心日還而日益苟其不安無弗新也是故尚有未若者廹我於後覺前此之偶有所得即欲勿奪其所恃而不敢予不嘗誦如切如磋如琢如磨之詩乎幾慫古人有不甘未若之意矣今乃知歷歷為斯進一解也賜也知此謂賜無樂好禮之見可也謂賜並無切磋琢磨之見亦可也謂賜可與讀切磋琢磨之詩可也謂賜不僅可與讀切磋琢

磨之詩亦可也維予亦曰是可與言詩矣蓋執詩以言詩則古人之詞章何足發後人之神智雖終其身於三百篇之多必不能使曠代而遙神明相睨何也以其泥於往也若不執詩以言詩則無心之感裝皆足深不盡之推求雖偶觸於一二言之少必能使百世而上志氣可乎何也以其通乎來也賜惟能通乎來不泥乎往故因來見往因往復見來告有涯而知無涯也因告得知不求知於告往無極來亦無極也賜誠進矣乎

淡泊相遭却自有味

子貢曰　劉

如琢如磨

韓充美

精於治玉石者琢而加之以磨焉夫琢而不磨猶未為精於治玉石也宜詩與切磋並咏歟子貢若曰人徒恃其質之美而不施之功者如玉石之未離其璞焉人既見乎事之半而僅淺為嘗者如工人之未卒其業焉賜蓋于貧富之說而并有會於治玉石之道矣如切如磋此特比之治骨角耳質本諸羽毛之屬則其理外密而中疎若夫

脈卸處有精理

天地精華之所凝而成者縝然而密并無脈絡之可尋質稟於血氣之餘則其性外剛而內潤若夫山川光氣之所瀜而蓄者渾然而剛并無表裏之或異故切之具非所用矣鋒鍔者善入迎刃而解亦惟

其有間焉耳若無間可乘者不與之為迎而與之為非將反有以挫其鋒夫物無瑕者即就其堅攻之故不以切而以琢抑磋之器非所宜矣金完者喜柔摩厲以須亦取其易紲焉耳若物不相紲者則與之兩角必至于兩傷終不足以發其澤夫生于山者還使其族攻之故不以磋而以磨琢之為治也視切為加猛有精進之意焉相推而相激寧與之俱碎而必欲破其完以視切之游刃有餘者其力為彌銳矣而銳於學者其始事亦如之磨之為治也視磋為倍勞加拂拭之功焉相狃而相習幾與為俱靡而僅乃勝其敵以視磋之芒及不頑者其欲為愈艱矣而艱於學者其終事亦如之方其琢也即作而

（從切說到琢是順筆）（是琢）（從磋說到磨）（精妙）（從琢串上切是逆筆）（琢字剔盡）（醒如字）（從磨字串上磋）（體物最工）

藏之已可自信為大寶之無瑕而孰知砥礪之用旋又為之求助于

工兩亦移掇二句不得約出兩知字

他山也志士之苦心當與良工同此委曲矣方其琢而未磨也即發

而觀之亦可共見其規模之已就而孰知雕斵之後尚自有無窮之

纂錯也學問之精研當亦如璞玉之不輕示人矣嗟乎玉既受攻必

本也風光皆好分別上二句

不苟安於粗畧惟琢而磨之則圭璧可以擬成德之終石能就礪亦

可自發其光華苟琢而磨之則琇瑩亦堪為充耳之飾賜而以無諂

無驕自足也亦何異一琢焉而遂止乎

二股合說以一意過

刻畫精確純以意勝若入時手但辦得借上相形一法那復有此

精思名理。生於山者還使其族攻之似古人變𧶜中語　吳荊山陳新安云切磋易於琢磨琢磨難于切磋將上句相形發出所以難易之故體物精巧入神有常云借上句相形前四股用順筆卸下後二股用逆筆說上初學觀此評自知章法之變化故錄之

如琢如　韓

詩云如切　二節　　魏　郊

咏詩而知其意其觸於来者無窮期也夫切磋琢磨天下事之往来相乘者大抵如斯矣賜而知詩意也即告者亦豈得而域之也今夫明通之學能使天壤間無之而非曠解是以儒者難之然吾黨固未嘗徃之而絶也機之所觸而相緣之理别有領悟之神則讀古人書而忽得其所以然其必有不滞于其所以然者矣如賜無諂無驕之說而予以樂與好禮進之其殆徃者機乎（挿得懸動）乃引而伸之轉盼之間境無有新而不故者也事又来有不歴境而忽奪其所恃者也此其象（入切）（如琢如磨非極絶有之理）沿器然手與器相苦而質乃缺手與器相習而業乃精月巧之工

變化當必有知之者乎此其道又如呈技然技與技相形而莫諱（飛動）
所短技與技相勵而日增所長神明之故其推遷諒亦有知之者乎
而賜則誠知之矣方賦如切即不嘗詩之告賜曰未若磋也而旋賦
（神○告○字○鼎○上○來○若○飛動）
如磋想此時之意中殆已舉貧富而富之矣則直以為於斯有合也
云耳再賦如琢即不嘗詩之告賜曰未若磨也而轉賦如磨想此時
之目中皆可從貧富而泰之矣則竟以為于斯有會也云耳斯何境
乎知之于如切而更知之於如磋知之於琢而更知之於磨賜而若
此何患乎業之進良也且知磋為切之進境而必至於仍磋知磨為（此○補○題○未○知○字○始不）
琢之進境而必至於如磨賜倘若此更何患乎業之精粹也告者往（落空）

矣而来者自一知而無不知矣維予亦曰是固可與言詩矣今且即
以詩言之謂切與琢為往而磋與磨為来既人固當如是然以異日
而回視此日安知已磋者之仍如其方切耶安知已磨者之仍如其
方琢耶極乎往来之情即磋與磨尚不足以盡其變而又何能以所
告者限其所知也謂切與琢以往而藏乎来之機磋與磨以来而竟
乎往之緒識者詎不謂然〻使異日而遙憶終身安知磋之後猶有
磋而此姑以磋為切耶安知磨之後更有磨而此姑以磨為琢耶通
乎往来之全即磋與磨若不啻僅居其半而又奚得以所告者量其
所知也告往知来雖謂賜不但可與言詩可也彼切磋琢磨之詩猶

淺焉者也

切磋琢磨端木所知已是十分超曠十分圓通枯此題者腐語滯語都無用處文之超曠圓通恰與相副其蹊徑則武陵源也其靈變則八陣圖也其融貫一片則無縫天衣也陳非石

文有穿插盛于隆萬間不善學之未免如楚宮效小腰也文于上節插告往知來下節插切磋琢磨好在巧妙渾成其清言雋緒使文寶見之必疑其取天池浩露滌筆於冰甌雪椀中高北侍

詩云如　魏

子貢曰諾　　曹岡

賢者不遽定衛事而姑以諾應焉夫衛君也而夫子之為之乎子貢以諾應亦有所俟以定論焉耳昔者春秋一書聖人所以上尊其君父而下闢其臣子也凡夫嗣統之際亂賊之誅靡不昭然示人以可鑒凡在及門固可援經剖以定時事矣乃有居是邦閱是變而同堂應答問猶不免臨事遲疑者其不輕辨之心正有深於辨者耶一如子貢于冉有子為衛君之問而應之曰諾是已夫衛君之事載於春秋者甚明書之曰衛世子明著之不絕于衛也書之曰納明輙之不受父也然則以禰祖論則衛君不得正其始以拒父論則衛君不得正

焉。於彼冉有即從夫子。蓋子貢亦不能信夫子哉。而當日且諾之者。
何夫諾者緩之辭也。（氣○緊○字○發○出一○）君子之衛事也。苟無関於大義者。則不妨緩。
以商之乃蒙以祖易宗。而不惜猶名之背。以孫禰祖。而竟紊世及之。
當此亦斥絶之不可緩者矣。秦朝悉附務於王母立孫之說。以共禍。
唯諾頼君子急起而定之。以存父子。以正君臣。而奈之何其緩之也。（曉○字○喫○緊○更○闢○）（一○筆○）
則是申生之為世子。不必辭共。而商臣之舉宮甲。亦不必稱逆也。諾。（物○住○）（須○點○字○發○論○）
明為者也。抑諾者又似然之詞也。君子之當時也。的確有可擬守。
春則不妨叔為然之。方蒼亡人在原。方抱羈旅之憂。新君在廟。終鮮。
窮人之慕。此亦人心之大不然者矣。詞人方謀信于社稷為重之詞。

以私相然諾賴書儒一言以救之亡後是非立辨于齊可明矣豈其
或然之也則是趙盾不討賊不可為弒君許止不嘗藥亦不可為弒
即翻轉上二意妙
父也諾胡為者也而不知子貢之諾也意實有大不然者乎苦[illegible]不
開爽誅之律特以宮闈之地其勢倍難處於匹夫經權正變之間焉
步驟莊嚴却無一語泛設
伐背詩踏矣試觀宋宣公之讓包藏者乃謂趨發立之端吳諸樊之
讓也後人以為開難饑之漸自非有平情論事之識執言僥以滋議
耳故姑應之曰諾以徐俟其疑亦隱然等于筆削維嚴一辭莫贊之
則亦已矣且夫子貢之諾也意原有不能緩者夙昔豈不聞直道之
公將以君國之間其事難斷以己見承祧嗣位之大亦甚煩擬議

矣彼矣際經之相繼也君子每多評詞定衷之接統也聖人猶多深
意自非有正名定分之能妄斷亦祗貽譏耳故先應之曰諾以劃衷
祈衷於轉盤守此微而顯志而晦之例而已矣一此固子貢諾之本意
也　守

才調富有故他人窘箔處力爾閎肆　雲飛
四大股反覆推論諾字之旨高談闊議濤奔山立故是才人之筆
○每股中引古兩層作襯筆不但波瀾之瀾蓋俱爲袁齊陪客也
○作者觀爲余言此篇是渠童時縣考之作故爲訂正近見坊本
刻作江都袁君鄭院考文按袁君文見考卷商選本與此篇一字

不同不知何故必欲以僞亂真也。

子貢曰三

書

子貢曰諾

康熙壬辰 曹鳴

賢者不遽定衛事、而姑以諾應焉、夫衛君也而夫子為之乎、子貢以諾應、亦有所俟以定論焉耳、昔者春秋。一書凡嗣統之際。亂賊之誅。靡不昭然示人以可鑒。凡在及門。固可援往例以定時事矣。（為通篇援据伏根）乃有居是邦。閲是變。而同堂應答間。猶不免臨事遲疑者。如子貢於冉有子為衛君之問。而應之曰諾是已。夫衛君之事載于春秋者甚明。書之曰衛世子。明曠之不絶于衛也。書之曰納。明輒之不受父也。冉有即疑夫子。豈子貢亦不能信夫子。而且諾之者何。夫諾者緩之之辭也。（起案）君子之斷事也。苟無關大義者不妨緩而商之。

若舉朝悉游移于祖毋立孫之說，以共相唯諾，賴君子急起而定之，以存父子，以正君臣，而奈之何其緩之也？則是申生之為世子，不必稱共；而商臣之舉宮甲，亦不必稱逆也。諾胡為者也？抑諾者又似然之之詞也。君子之審時也，苟稍可推原者，不妨取而然之。若國人方誤信乎社稷為重之故，以私相然諾，賴吾儒一言以救之，而後是非立辨，予奪可明，夫豈其或然之也？則是趙盾不討賊，不可為弑君；許止不嘗藥，亦不可為弑父也。諾胡為者也？而不知子貢之意，寔有大不然者乎？日豈不聞褒誅之律，特以宮闈之勢，倍難處于匹夫經權正變之間，幾費躊躇矣。試觀宋宣公之讓也

（嗚咽）（廣拓貼切陳云佐）（以以書達之以氣）（即前意而翻轉之，開闢甚大）（與前二股相配）

識者乃謂契縻立之端矣諸樊之讓也後人以為開覬覦之漸自非有平情論事之識輕言徒以滋議耳故姑應之曰諾以徐俟決（曲揚其）疑（青）亦隱然等于筆削維嚴一辭莫贊之列而已矣且更有不敢緩者夙昔豈不聞直道之公特以君國之事難驟斷以己見承祧嗣位之大甚煩擬議矣彼夫隱桓之相禪也君子每多諱詞貽定之繼統也聖人猶多深意自非有正名定分之能妥斷亦祇貽譏耳（陳云首尾如一筆）故先應之曰諾以別求析衷亦凜然守此微而顯志而晦之例而已矣此子貢諾之之意乎

揪然如通川奔浪使才者且須有其氣塗附為能者縱得其反

正兩番援据。乃如索〻無真氣。何 陳師洛

前繫而後聯之。每兩番援証。無不比例切當。影附春秋之義。以

展拓文勢。為斷港絶潢者。開此〻通川奔浪之觀。亦一快也。

子貢曰　曹

子貢曰譬之　而入　沈文宗月課取雋州學一等第壹名　謝廷憲　雲舟

賢者以宮牆喻、更為門以外者計焉、夫宮必有牆、而門其所從入者也、及肩則門不待入、豈所語於夫子之數仞哉、昔子貢抱特達之標、求遊夫子之門、其於聖人之分、詣知非正言之所得而明也、蓋嘗竊究而得之、一日者聞景伯之告、駭然、驚復適然釋也、曰、噫、乎、夫夫子、則何所不至哉、嘗擬以日月矣、是不得其程而躋之也、嘗擬以登天矣、是不得其階而升之也、今武叔乃以賜為賢、則亦何待明辨而決哉、今夫人之所居、有宮、宮之外為牆、牆之閒、依然而峙者、則曰門、賜自念築宮而庇、豈無其牆以蔽內外乎、乃舉入

衡鑑試帖　下論

賜之門與未入賜之門者其於賜無不皆若燭照而數計焉蓋賜雖有其門亦徒設焉耳區區之好俯而窺之已無餘暇雖不入何病哉乃欲因賜之門謂夫子之門亦如賜之可不必入焉則斷乎不可何則天下同一垣墉之衛而可窺與不可窺則境界已殊故從來共此棖闌不規而待入與不待入則情形各判是非異乎其門與于其牆也牆何畀賜之牆及肩而夫子且數仞也及肩則俯首而畢罄其藏數仞則仰瞻而徒形其峻藉令填人不為亦向守者不為啟關將見踟躕徘徊循牆而走問以門之所在不已茫然莫得其所入之何從哉夫牆所以衛乎宮而門則其所從入不必

入門而衆以爲有其有不足道也門之未入而以爲無有其有豈易壘哉夫天下欲以門外之人擬議宮中之富以施諸賜可耳如曰夫子亦概可知也其不徒爲面牆而立也者幾希

賦得石橫水分流 得分字五言八韻

穿爾瀟湘意中流兩派分凌波橫片石瀲灩爲雙紋薄浪痕初圻錚琮韻乍聞半浮千尺蚌平劃一溪雲浴鷺頻離影遊魚齊別群月明如劈練屈遲各生文未便東西遠明看左右沄斷松何日化長此映清濱

聯絡有法詩筆亦清 原評

子貢反

對山樓集　孫榮蔭

有不與諸賢偕歸者情愈不忘夫師也夫子貢既致心喪於三年之外似可以不反矣乃猶不忍遽歸也其不倍師爲何如今夫往如慕反如疑孝子之於親則然也而不忘其師者亦即本此意以致其眷戀之情蓋生既不能一日而忘沒豈肯以三年而畢哀慕之至情自深焉夫固有欲去而不能者矣昔者孔子沒門人治任將歸夫門人之歸歸於三年外也則其不倍師之情已可見矣然而子貢曰吾豈忍從此而歸也哉山頽木壞空存俎豆於杏壇聖人殆不反矣然而音容如昨耳恍聞曳杖之歌雲散風流不復絃歌於泗水同堂亦不反矣然而教澤猶存

目如接緇帷之狀故門人之歸正子貢所無如何者也對墓門而隕淚心喪已盡於三年則此後相思亦祗覩雲樹而抱無涯之感而子貢之反又人所不能挽者也望闕里而迴車思慕猶深於此日則眷懷[illegible]然已不啻承色笑而斷魂夢之適死者既長已矣反者復何為乎而子貢則有所不忍也念曩時性道文章得親承夫啟迪則感之深者思之切而不徒致慨於華屋山邱聖人不得見矣反者亦何益乎而子貢更有所難忘也覩當前車服禮器俱足動我懷思則意為戀者身為留而豈復致念於泉源淇水由是歸者往而不反反者去而仍留適曠野兮蕭條天各一方既共灑臨岐之淚歸者誼盡於三年反者情深於爾日望美人而不見吾師何在應益增哭寢之哀兮弟見斯時也

自行自止幾於悵惘而莫之而遼騎結駟之豪至此一變且却且前夫且徘徊而不已而宗廟百官之象即境而呈縱不能再接夫儀型或猶可追思其謦欬雖死別也而恍若不忍於生離即不能復親夫化雨猶恍然坐我於春風雖離羣也而早已相忘於索處此其所以築室於塲獨居三年而後歸乎然則子貢之不倍師為何如哉

情生文耶文生情耶纏綿悱惻嗚咽動人

子貢政事

江西何學使歲考取瑞昌縣學一名 李加元

居言語之次者不乏政事之才者也蓋政事固與言語不同科而子貢則優於言語而亦不得謂絀於政事也何也聞季康子可使從政一問而夫子以達應之且曰於從政何有是則子貢之於言語既不與人以獨優而於政事又豈讓人以不足乎乃當時紀陳蔡與難之賢者於言語之科次及子貢若子貢獨優於言語者然於子貢下紀之政事若子貢不得與於政事者然抑猶向與蓋聖門之狷門皆有治世才而特是舉其至優者則他技可以不舉抑惟有其至優者而非所至優者可以不與故於宰我之外及子貢蓋以子貢之生

從此尋開

平以辭華著美者多以經猷樹美者也雖曰言出而即令人從固
亦大有經濟者之所為然以言語為經濟自不得稱經濟而不稱言
語也而子貢之生平於是乎定矣於子貢之下即紀政事又以與難
之賢以詞章稱盛者有之以經術稱盛者亦不乏也雖曰事機[illegible]
鉤亦不與政事之選然此猶非其所優則正可進乎此而更列為一科
也而當年紀述之意又於是乎見矣要之亦各因其所長者著之焉
爾嗟乎尼山泗水誠盛千古哉一時聖賢集處奇才輩出即若子貢
（旋轉如志）
者雖不與政事之班而自可備政事之用而況其時又有優於政事
者乎當年君若臣倘能悉吾徒而用之一旦東周可[illegible]於而奈何有

子貢政事　子游

歲入安溪縣學第三名　吳振先

長言語者又有人知繼政事而稱文學者非一士也夫子貢之與宰我同以言語著亦猶由求同以政事著也彼文學之子游不又可先別哉昔淇水之瀆挺生達士而吳山之秀崛起名流蓋既均沐洙泗之陶淑遂能各底於有成是故北學交推必及說辯之選南來有自首居風雅之宗也（更揚起子游對峯突兀）彼長於言語者寧特宰我哉夫及門諸子類多出自中土而產于吳者獨一子游曩者田常欲以齊作亂移兵伐我夫子以父母之國義所當救第斯時用矛者技無所施即自負為有勇者力亦難試思欲使弟子一人說齊以伐吳因

吳以援魯意者其屬之子游乎乃夫子不使子游而獨令子貢者以子游雖生長於吳固不若子貢之能言為足相折辨也然則子貢不與宰我同以言語著哉故無論墮黨崇讐而一言排解可釋衛主蘧舍之虞即請行至楚而片語出師遂平七日絕糧之難此固夫子之所不能忘情矣胡顧瞻堂上竟爾寥寥也豈名顯諸侯出而從四方之政歟抑遊覽大都名山（煙波濤宕）與文人學士訂交歟（擬映有情）是賜以故而行雖有來歸之一日而兩時兩地相思竟不異望吳會於雲間求如追隨杏壇或相與談兵農之政或相與講學道之教不可得矣然而求何在乎由何在乎即與子觀蜡聞三代之英如偃

者亦何莊乎豈離合聚散之際莫不有數存焉者乎夫行殺由徑爰得佳士於城南子游之爲吏何羨蹈蒲之郝敵化啓絃歌遂亦徽音於下邑子游之出宰宰歟三善之治蒲顧子游獨以文學顯

分寄中間

而竟不得以政事聞者蓋才雖兼體學有專家此亦猶之乎子貢之達可以從政不得與冉有之藝季路之果並列政事而第與宰

賁○填○塡○兮○

我均係言語云爾獨惜陳蔡已矣結駟而往洙土非遙成學而歸

兩○奚○冥○悽○涼○欲○絕○

虞山空望求也豈真鳴鼓之攻由也竟抱結纓之痛夫子之心能不悲哉況子貢而上子游而下離群索居之不一其人也

以議論爲波瀾即離變化惝怳真測東雲出鱗西雲露爪文境

彷彿似之

子貢政事　子游

歲入安溪縣學第四名　吳崑

存魯者終著言語之才，而道南者獨開文學之始矣。夫子貢與由求並許從政，子游亦著善政於武城，乃一以終言語，一以始文學，亦見其各有專長耳。今夫才足以存一國者，而及無解一時之危；（雙綰恰切快叅事）道足以化一方者，而竟不能化一方之暴。此亦君子之所無如何也。蓋時際其窮，雖夙具果藝之長，亦無所濟，而寧可以說動而學化也乎？言語之賢，非僅宰我已也。吾嘗觀（突入一案）夫齊陳氏將作大難而逞志以伐魯，斯時夫子獨命子貢一出，而宰我不與焉。賜也歷說諸國，以言語爲折衝，而齊以却，魯以存，越以霸，吳以亡。（帶出三）夫何需冉賢有之用矛也矣何藉子路之行軍也即以子游屬在吳人曾未聞其出長厥長一救宗國以與子貢同功然則言語之科舍子貢誰分一席歟而或者疑之謂子貢之才既足以卻強齊之伐而何以難脫于陳蔡之圍不知道大莫容當此上下無交之日在夫子之文章性道亦窮於無所施徒自悲吾道之非而謂子貢能以口舌

兩岸徒啼輕舟已渡

爭乎所以富教素講者至此不得不扼腕於無策而治賦甚優者

天然縮合

亦且慍見不平回憶疇昔與游燕居樂也何如柰何今日文人學士同困阨于此地耶雖然游之所以獨開文學之始者初不因此而減色也大凡英傑之士每不為風氣所囿以游也生長于吳教

成于魯而吾道其南洙泗之風流文采波及遐方則雖爾時傷心蒙難而有此文學獨啓千秋則子游為文學之先驅何遽不如子貢為言語之蓮美者哉故人或徒見其武城絃歌著化以為布政（帶中間落子夏文情獨游）優優亦亞由求二子此不知子游者也言念同人西河已老感慨係之矣

昔人謂歐公學史記得其風神此篇之淡宕變化真五代史之遺也

子貢政事

矣

子貢政事冉有　　楊　熙

有繼言語之科者後有人以開政事之始焉夫言語之繼有子
則政事亦不獨一冉有也或為其終或為其始何從著之多才與
嘗聞聖人之門諸賢侍側同著侃侃之容者有兩人曰冉有曰子
貢夫子樂之而不能忘使其人常親函丈聖心慰矣奈何以當世
有用才徒託之想慕耶如言語自宰我而外厥有子貢夫賜也
明不窮於肆應傳達足貫乎古今夫子常許其於政而無疑
且得時而駕則兵食民信之籌於平日者舉而行之必大有造於
國家雖有才藝之士度未能與之絜長而量短也然則子貢亦非

僅能言者矣而乃與宰我同居言語之科何哉則以子貢之於言
更自加于人一等也不見夫譬聖道於宮墻使人稱其智足知聖
消訴乎貢乎不見夫以内憂教田常使齊不得伐魯者非子
即當日匪兕興歌猶能說楚而以師迎夫子者皆子貢言語之
功則意務子貢與宰我雖以言語並稱而子貢其尤著乎假令奉
（總串稱題）
簡書治賓客則不亢不卑口舌可以壯朝廷惟輯惟懌論可以
懾鄰封其言語之才孰非有裨於政事也者顧吾聞夫子將之荊
（巧思清思）
不申之以子貢而申之以冉有得毋冉有亦善於言語哉要之在
門諸賢其言行固皆能自表見而又各有所尤長冉有之才可以

䙺艱鉅而任之各當可以理繁劇而應之不窮夫子亦嘗稱其藝矣故雖未必不能言而首推為政事之選猶之子貢雖有從政之[illegible]而繼列於言語之科也吁吾於是而嘆二子之窮矣能以[illegible]言論解紛列國之爭而不能以其言論免師弟之困能以其才[illegible]甲首之八十而不能以其才智免絶糧於七日蓋天所厚二子者才兼所困二子者遇也患難之侶刻不忘青事後追思不令人嘆想之無窮耶

廻環映帶百節梳通而又不落纖巧可謂良工心苦　泉評

而人有同處有異處命題既割截即因勢利導旁見側出都戈

閩海偉觀

機趣少年得此筆決不困童科也　庭聞

子貢政事冉有　戴文熾

言而中者亦與干難而足民之才又未可少矣甚矣賜之華非不若予之實也爰及政事如求之藝不可首舉哉今夫文章華國康阜兆民特大聖人之緒餘無如卒老于行師若弟率彼曠野一時具聖人之一體者欲廷說諸侯無由也即夙負足民之志亦鬱鬱同居此矣陳蔡之阨德行而外豈但言語推宰我哉雖辭令維宜尋對得一人焉已足然疇昔之荆之役嘗申之人冉求況華實各有擅長匪勸說以從同故列邦抵掌而談尤莫賢于子貢蓋子貢固與宰我同一善為說辭者也藉令望道常安于當畫一貫之傳

丕屬至尊百王而嘆生民所未有則與遠賢堯舜之論同其遙情惟其凡事不諉于弗能無言之述始深至許女器而惟瑚璉與同致則較貽譏朽木之評殊叨奬借而謂言語中丶多此人耶雖然為治政不在多言也其人而翩〻藻采結駟連騎發一謀而[illegible]霽其容定一策而弱國振其旅固足以覘吾儒通方之識而彰行遠之文其人而卓〻殊尤千室百乘智效一官而邦家允賴政成三載而禮樂可興尤足以徵吾黨有用之才而饒經世之畧則政事如由消蓋可忽乎哉跡其急于一試而有附盈私家之誚則鳴鼓攻之可也求之藝似 可與賜之達比類而稱聒夫輕于用財

而有獨敦友誼之風凡六七十如五六十其優爲之矣問閔斯行之求何不可與聞一知二之賜同年而語吾于是而嘆上下之無文爲已甚也夫夙稱怯懦或難舌掉三寸以摧强暴之鋒在冉有猶可言也乃至以工于貨殖之賢而猶不得黔其突此其生辭無補不亦天時人事之揔無可問者乎吾于是而嘆君子之固窮爲至奇也夫前後揚輝僅隨曲舞三終高當天之論在子貢猶可言也設以悲倍賦粟之子而幾不得饘于斯此其悽渐然之又何淇師弟厄友之愈爲綢繆也乎蓋存魯霸越者出言有章也因弟師師者從政可使也故子貢居言語之終而政事以冉有爲始

子

不愆于六步七步乃止齊焉、紀律嚴明中、仍自有輕裘緩帶之度、王竹樓

子貢問政　全章

仇兆鰲

政可常而亦可變惟人心爲足恃也蓋人心者王道之本也兵食有

通篇以食足信爲主

常變而信無常變則去之正以存之耳今夫假仁義以濟富強之術

者霸主之陰謀輕富強而重仁義之圖者帝王之正道故聖賢之論

明透精切可當千百篇

政也有時教貧救弱而民志孚亦有時可貧可弱而人心靜斯常変

皆有恃可知子貢達才也而問政始求其全不求其偏且圖其常兼

與下文未消乞相熔

圖其變乎子曰國家處無事之日其勢恒足以有爲特患有因循苟

二比精悍無敵

且之心則雜謀從支乎旦夕而經綸當安靜之年其策更足以兼濟

誠進以樂生尊王之化則國祚永卜其靈長故授廛薄賦厚其養也

點次極化

苑茵簡閱作其勇也禮樂深而忠孝以篤教化盛而偏黨以忘結其

心也。是兵食足而信與兵食俱足也。斯時衆畜于民〻乎兵上邦本

罔矣。罔勞張矣。何至有不得已者。屢君父之憂哉。雖然。儒者謀國要（此段神物）

（色飛起鳳而疾來而疾潮至）

得盡太平休養之月。而闔之成令危急之秋。必不可以顯經濟憂虞

之會忍不可以見猷為。則[illegible]之才與碌〻無奇者等耳。古有倉皇

治事。而臨務馳驅者。豈漫無[illegible]立而然也。此子貢所以商不得已之

（揭過去兵有抗）

去也。而夫子一則同去兵。再則同去食。夫去兵者。恐其糜餉也。士飽

（千鈞之力）

民餓也。且防其鞅寇也。兵散而滋他變也。是去之有益于生。不至于

死也。而若食也者。國之大命。存亡係焉。亦安在其可去哉。不知國家

之本在人心。人心之本在節義。敘也。國勢當傾危之際。而君民愛戴（開闔敘論）

之情。不勝其倖生畏死之清。無論其飲勞愁禍敗。且立至也。即此處

詐為懷而上既蓋于司牧下亦負其忠良將何恃以自存于天地哉
使邦家當擾攘之時而主憂臣辱之志足化其苟免圖存之志無論
補寫奇妙
綢繆倚毗大分可無憾也即此義憤所發而名節可作于坑忠勇可
名言可勒金石
俠敵國必有激以自奮于艱難嗚呼聖賢之視民任爭在不立不閒
死不死籍令留信而死猶念之信而生也況乎易子析骸尚有終存
仍結前節
其國者哉雖然此特窮其變耳為政者而兵食兼資上下交信王者
安天下之道具是也無慮不得已也

奇氣化兵餉張皇調燮其議論融今鑄古酌雅秉經如讀宣公奏
議○經濟題一着脂粉便卷卷無氣色矣此文貫貫發揮高古雄
拔而出落處更如神龍戲海無迹可尋才學識可稱俱備陳頴長

子貢問政　一節　　金居敬

合足與信以觀政而知其言之適於用也夫食與兵之足民之信兼之而後國有政矣此適於用之言也故以答子貢之問歟且夫聖賢之學明體達用修其全者也施之於政固無不得其宜矣由其道未嘗不至于富强要其終則亦必本于仁義此固無古今之異常變之殊者也子貢以從政之才而問政殆將求夫事理之所必然與夫時勢之所當然者歟子告之曰夫政有大經焉是固百王之所同莫之能易者也一曰足食昔之為政者疆理天下辨物土而貽之利非以徵求也使之九夫為井四井為邑四邑為邱四

邱為甸四甸為縣四縣為都以任其地為食之不可以不足故也其力之籍則君卿大夫取給主伯亞旅其制之养則比閭族黨相與保受賙賓于是乎取其賦入安其謠俗救其凶荒相與歆迎蜡慰勞詠歌而公私之備蓄可以支數年也而又佐以化材通貨以嬍所有而易所無凡所以為足食計至纖悉也二曰足兵昔之出政者撫御天下恤人隱而除厥害非以務武也使之五人為伍五伍為兩四兩為卒五卒為旅五旅為師五師為軍以與其衆為兵之不可以不足故也其習之素則蒐苗獮狩閑其步伐止齊其令之役則甲冑車馬供其討伐會同于是乎分其正羨異其老幼

視其遠邇相與輯于桑矢耀德養威而戎行之整暇可以固我圉
也而又示以同仇敵愾以作其氣而致其果凡所以為足兵計至
深長也一曰民信之矣昔之敷政者知民性之無不善也民行之
無不臧也其愿朴者教之以孝友睦婣任卹其秀良者育之以知
仁聖義中和且夫尊親之戴必同其好惡誓誥之作滋生其畔疑
民者弱而難玩也不可以強之信我也于是乎躬行以率之章志
以喻之優游以俟之漸被以及之其上下之間忠厚誠慤之意既
已固結而不可解也然後樂事勸功忘勞犯難其教化之美至于
比屋可封其風俗之成至于外户不閉豈誣也哉故曰世有王之

所同莫之能易者也。

周密正大而不事矜持。綜核詳明而不見襞積。渾渾浩浩。歸太

僕稿中有數文字

正大中饒有遠神非從鼓舞之靈者

子貢問　金

子貢問政　一節　金居敬

合足與信以觀政、而知其言之適于用也、夫食與兵之足、民之信兼之而後國有政矣、此適于用之言也、故以荅子貢之問歟、且夫聖賢之學明體達用修其全者也施之于政固無不得其宜矣由其道未嘗不足于富強要其終則亦必本于仁義此固無古今之異常變之殊者也、子貢從政之才、夫子嘗許其達矣、其問政也、始將以求夫事理之所必然、與夫時務之所當然者歟、而夫子告之曰、夫政有大經焉、百王之所同、莫之能易者矣、其一曰足食、昔之為政者、經理天下辨物土而貽之利、非以徵求也、使之九夫為井、四井為邑、四邑為丘

引下互論

四而為甸四甸為縣四縣為都以任其地為食之不可以不足故也其力之籍則為卿大夫取給乎備乘旅其制之善則比閭族黨相與

原評[illegible]條暢

保受調賓于是乎取其賦入定其[illegible]役數其凶荒相與歡戚逆揩慰

于務農外推廣說足寓意更透

勞逸歉而公私之儲蓄可以支數年也而人佐以化材通貨以懋所有而易所無凡所以為足食計至纖悉也其一司凡兵營之出戍者撫御天下偷人隱而除厥害非以務武也使之五人為伍五伍為兩四兩為卒五卒為旅五旅為師五師為軍以與其衆為兵之不可以不足故也其習之素則蒐苗獮狩閱其步伐止齊其令之從則甲胄車馬供其討役會同于是乎分其正羨與其老幼視其遠邇相與輯

于秦矣。耀德養威而成行之整暇，可以固我圉也，而人示以同仇敵愾以作其氣，而歛其米心，所以為足食計深長也。其一曰民信之（補出），矣。昔之（教化）敷政者，知民性之無不善也，民行之無不感也。其感孚者，教之以孝友睦姻任卹，其秀良者育之以知仁聖義中和，且大尊親之戴，必同其好惡，譬諸之作滋生其畔，蔬民者弱而齊犯也，不可以強之信我也。于是乎躬行以率之，章志以諭之，優游以俟之，漸被以及之，其上下之間，忠厚誠慤之意既已固結而不可解也，然後樂事勸功，忘勞純難，其教化之美，至于比屋可封，其風俗之成，孚于外戶不閉，豈誣也哉？故曰此百王之所同，莫之能易者也。

三者分疏。綜核回互。該博詳明。句字俱有來歷。以此砭時俗之卑

庸。凶歲之穀。豐年之玉也。韓慕廬先生

以議論驅使經籍。又有浩氣行乎其間。真是古文作手。

子貢問

金

子貢問政　全章　胡煦

聖賢論政不以兵食而去信也夫兵食之足如彼而民信又如此政之經也然商所去于不得已之時而信又曷可一日而去哉且國之有政也凡皆以為民焉耳故立綱陳紀雖非一端而唯不得乎民者之為不可解也蓋民之可用者心也心不為上用則雖有可恃之形不拔之勢而一無所用夫唯權本末而急為之所而王道存乎其間矣說在子貢之問政已夫井田廢而阡陌開併吞急而戰攻起風俗漓而携貳生一二霸圖之主旦夕經營亦唯兵食信三者為急〻然試問其食足于倉庾否也兵足于丘甸否也民

信而莫之攜否也則曰猶有待嗟乎舍兵食信亦安有政哉是故（字字簡切）務農桑崇節儉其一比什伍嚴簡閱其一敦教化同廉恥其一奉（先著此二比通篇俱警）此以為政有備無患衆志成城有帖然之安而無意外之慮外既不可搖內自不忍叛即有不虞之目而無坐困之憂不得已而去夫子亦與子貢權其緩急耳豈真平日之軌軌議足者而一則曰（齊題有識）去之再則曰去之哉且夫兵之去也猶曰增兵則增餉勢必至于（兩層卻用側下議論精絕齊）毒民也苟去其糜食之兵而更去其病民之兵則以固結之衆擁十年之粟尚可以遷延歲月耳若夫食之于民朝議去而夕莫支（法定末三句痛快淋漓）矣夕議去而朝莫保矣雖有甚不忍于民者亦唯有立而俟其死

而莫可如何也雖然與其多食而以僥倖生何如無食而以節義死與其貪生而有死之理何如蹈死而有生之心蓋民雖死而有不與俱死者特有信耳民而無信則雖供征繕者三軍入提封者十萬而一旦有急軍旅皆耕寇之資府庫為賫盜之具而有信則雖無一旅之卒無一成之田而臨難不驚礼義豈止兵甲之威忠孝可為腹心之寄甚矣國之所以立者惟民而民而無信則亦無以自立也而要其漸摩者素矣倉廪實而知礼節蒐狩習而識尊親當其足食足兵之時而民之信之固已久矣故聖賢有不得已之時而無不得已之計其與當世之主苟且以爭旦夕之命者

（惟○恂○菴○有○此○透○快○）

（補○湊○周○密○）

相懸萬〻也

選辭按部考義就班沉鬱古茂浸淫乎漢氏矣張岳未

兵食俱足而民信猶有不得已時以待去兵去食則聖人經濟

安在故知不得已是國家以事會猝相投不能全修三政少得

兵少不得食信即少得食亦斷少不得信耳文有倫無患二小

比橫擔上下力有千鈞餘亦沉雄義勇百倍

子貢問　　胡

子貢問政子　一章　秦靖然

聖賢論政而獨審所重焉夫食與兵而不足民未易至于信也然至于不得已之日則非信固無以立矣此聖賢命政之全歟且國則無政而驅民于死之一途以為非是則無以得立也必不願之矣聖賢之謀國也常使民必不至于死而後民無不樂為我死蓋至民可以為吾死則吾之于民所以籌其萬全無害者斷非苟且之術也哉在子之與子貢論政一論其常而曰足食曰足兵而終要之于民之信一從其變而曰去兵曰去食而終必歸于信于民斯豈處常者一道處變者又一道當不得已之日而倉皇敗國者哉吾以為兵不足不

（旁批：應以藉以保國）

（旁批：問之前半難穿下二節若順落不得也則後）

（旁批：此節已佳恐不能暢故先揭通全題然後論此作文識變處）

（旁批：非從下總提也）

（旁批：行文或一法）

可言去也食不足不可言去也民不信雖足食足兵而無用當去食
去兵而更危也何也平日晏安無事武備廢弛而不振及一旦有事
而爲之謀曰去兵吾不知其所去何兵也年時居安無慮倉廩亦空
虛而不實及一旦深慮而爲之商曰去食吾不知其所去何食也士
環瀛宛轉
也去兵而民且生心去食而民無關志何以解不得已之憂固無轉
思足兵而民不堪征戍之勞轉思足食而民益重追呼之恐且終成
不得已之禍此時爲民患者不且不在無兵食亦不在有兵食而累
不不信哉如是而尚安得竊歟必也萬箭鋼衍無或懈歟步伐止齊
無或秦歟曰足兵矣焉廩神倉有餘積歟泰庾稷翼有餘蓄歟曰足

食矣且上之愛養乎民者至矣民豈無親上之忠上之捍衛乎民者至矣民豈無與君之意曰是則民信之矣于是而有所去也曰不得已也夫民也禮義為干櫓忠信為甲胄自有凜乎不可犯者則兵為可去也況乎食之足于平日者尚足以為資也于是而更有所去也（意語真圓）曰不得已也夫民也居恒服君之先疇食君之舊德正有奮然思報者則食為可去也矣其民之信于平時者自不貳其志也是則民之所以為立者乎夫豈非信之者深民雖死而不懼乎不然民之不信（斷化朱[illegible]語中鋒[illegible]）即不至于死吾謂其心之死已久矣抑知自古皆有死而無信則民且不能自立而何以立國哉甚矣民不可不信也甚矣兵與食不可

不足也。

反說正說能繁能解。題之膠轕肯綮。無不圓徹。若隨文生義。則頗

向方數衍不盡。何暇自暢其說。融作一片也。此贍

子貢問政　全章　戚藩

策政之可久者，變勢無變志也。夫平時無敦信之法，而勢急又
思去之國，其無政矣。明本計者，豈使兵食操吾重輕哉。且國立於（片言）
情非立於形，形寔而情虛者，雖少安而必危，故情形兩寔，計之上（居要）
也。情寔矣，而其形乃可以處虛，雖外有重危，而心有重備，是人倉
卒而不失經久之規也。今天下得已之日嘗多矣，其地可食不藏
而積，其田可兵不覩而武，其民可貴，可卒不教而信成。然其君反（險勢動節）
有所不得已，何也？人主不用一旦之民，而具貴素裕也，乃或得已
而已之，及不得已，而亦與為不已。微發日煩，而心計之臣日以亟

當世之時死其民者数矣然徒死而無效于上則何如豫之得已（倒幹出有力）
之日乎一夫豫之則一耳乃或畝而税之籍而伍之如是者亦嘗以
足告矣而民顧疾之若仇賴其一日之用而不可得或咨嗟稼事
之艱勞苦出車之故如是者未嘗以足恃矣而民顧戴之以子弟（如七講首節不似一節題）
雖復百年不用而不可離則彼之所為足者示民欺而此之所為
足者示民誠也以此示民又安有不得已者出於其間哉雖然天
下事亦何可知也設一旦有不得已者出于其間此時雖有智者
亦止可曰此宜為軍汰老弱吾無糜食矣否則休卒歸父兄吾無
重食矣而聖人顧毅然去之亦止可曰此宜告糴出重貨損而

益一矣否則移民均有無損一而益十矣而聖人顧決然去之去之無恃乎不能去之三死去之一死然唯一死而民可以生此聖人所為恃也有死自古矣有信亦自古矣崎嶇絕續之間期告無愧于先王則雖衆不越乎一旅田不過乎一成而仁愛可歆國家

張許睢陽不愧此語

卒享中興之報一徵烟燹滅之餘心求無欺于亡主則雖力不能業

陸秀夫蒲小時也

一日之師義不欲食非分之粟而忠節不衰百世猶知君父之大

又[illegible]斡轉

雖再不得已豈得而去之哉而要其豫之得已之日者久矣足之

上二比光精

以其名故去之亦以其名積倉府勤蒐閱而不可為足則清虛冒幾髮粟而原不可為去也足之有其勢故去之亦有其勢本富本

強而不圖富强之末其足者以足效則形貧形弱而不能貧弱其（有信在）
巾其去者又以去效也天下安得盡得巳之日而為之不至不得
巳不知聖賢之故耳

段落布置俱以險變出之筆〻鑱刻堅峭人謂其似子瞻予謂
其似老泉韓慕廬
先生與正希維節生當明季丁昂華時故慷慨激昂各抒所見
讀此文為之三歎

子貢問

子貢問政子　之矣　張大受

為政者不輕用民必謀其身與心焉蓋民未可用不足云善政也兵食足而民信豈一朝夕之所致也哉且夫上所與共此國者民而已民各有相養之資民各有相衛之力而常苦於事之不給則必皇皇有望於上之心而仍欲以其皇皇之心致之於下民之皇

鎔題致為超脫

君也甚厚君之謀民也必周未敢因後世一切之澈政驟期民之為我用也如子貢問政亦知政為民設而後世之民必不如先王之民雖其勢使然抑有可更化而善治者乎夫政有必澈者今日所畫之土所講之備與夫學校之教化紛然非復先王之舊也政

有必不敝者。令日貧者可富。弱者可強。與夫仁義之天性。䏺然猶是先王之民之遺也。以民之熙然為利來也。豈其無用而奈何不足也。為政者未能遽有九年之蓄。但使居而積倉。行而餱糧。有所餘於納総賦餘之外。而食足於民矣。以民之囂然以氣勝也。豈其無備而奈何不足也。為政者未能驟復司馬之法。但使鍛乃戈矛。礪乃鋒刃。有所恃於守禦出入之閒。而兵足於民矣。此時之民。亦欣欣樂為上用也哉。當風俗久敝之日。民猶各為其父兄。為其子弟。而不失其惻怛之真。乃政事修舉之時。民益忠公爾忘私。國爾忘身。而盡發其忠愛之隱。以為上緩三征以裕我。上設五材以衛

（經○嘗○教○使）（直○接○猶）（撲○染○神）

我吾儕之田疇室廬皆君餘也其何忍負此信積於兵與食之中者也而後引我於庠塾之中導我以禮義之事吾儕之咏歌揖讓皆君教也其何敢忘此信溢於兵與食之外者也民信之矣而政豈有餘事哉以兵食為不足務者規模未立而不可以奠民之生也以信為不必圖者苟且從事而不可以固民之心也盛世之民可與興衰世之民可與久恃有政焉已耳

詞意圓美流轉

足食非管商之論也足兵非孫吴之法也布紙援豪揹陳皆得經籍之腴韓慕廬先生

民信與足食足兵確是三件非謂止足食足兵民便信之也然

而民信之效。必得之兵食既足之後。此文以信積於兵食之中。引起信溢於兵食之外。極有分曉。前幅說足食足兵。根蒂前古。掃盡膚詞。中間落此時之民句。亦能為信之兵傳神。古者兵出于農。有民則有兵矣。若以兵為士卒。則所謂去兵。乃是無民也。而可乎。日知錄謂兵乃五兵之兵。最是作者遂以其說解題。前此未有也。　汪武曹

刪除浮雜。獨存精要。此東坡所謂博觀而約取也。　李鼎臣

子貢問政　全章　趙音

為政有全模、而後為之商所重焉、夫兵食與信、缺一不可為政、而信為尤重故屢衡焉而卒無可去也、子豈特為不得已言之哉、今（要領已得）夫國家之所以久安常治者惟是上下之閒實有至性相孚之處（通章全旨敘語道盡）而富強之術不與焉然亦非可畧富強也合富強以致斯民之性情則可與經常者亦可與禦變離性情以謀富強之速效則不可與處變者先不可與圖常明乎其事之宜全而後權乎其理之至重乃可與言政矣昔有子貢問政、[illegible]之曰、政固有政之全模也人亦有所厚期乎民之意[illegible]切以相不惟寬然養其

有餘之[illegible]作其[illegible]為之氣一工夫[illegible]者將馴至而無難人
至亦無民必於[illegible]而更[illegible]有惟使之相安於間
井之內[illegible]千果彼之[illegible]而[illegible]國結而莫解是故
較重判出[illegible]亦[illegible]勁　分看合看一[illegible]
國有與立惟信為先信有所繫與[illegible]凡兵非以求信也
二中[illegible]
而信明定之民之信非為兵食也而常於足後驗之一手之論致者
維處其分貫來嘗不合矣乃自子貢計之則以為亦有三者也
一語千鈞
而未敢以真為重也爰設為不得已之問而以可去者決其所存
嗟乎天下有兵食信俱足之朝而至于不得已者哉苟至於不得
原只論
其理本是必到必不得已時舍此亦更無別法
已而尚能惟吾所去哉苟去其一而尚得為國哉雖然聖賢之論

事也。言其常。尤必權其變。論其常。則不特食與信不可去也。即兵

亦不可去。兵去而民弱。民弱而困倉莫守。即虞詐亦易生。安保食

與信之不隨兵而俱去乎。論其變。則不特兵可去。[illegible]食亦可去

食去而信存。信存而一成可興。即一旅亦可復。[illegible]兵之不

與信而[illegible]乎。即不然。去食之害[illegible]乎民。死而[illegible]民之身

者不能死[illegible]之心。能死民[illegible]者不能死民[illegible]其信在

也。即其[illegible]。即其國[illegible]而莫為

之守。雖有[illegible]莫為之用[illegible]與子之所

答者[illegible]正所以守其[illegible]結于斯

黃翰[illegible]真儒[illegible]論語

民之[illegible]則若卒之間必辨持[illegible]爭[illegible]之論臨難雖

計無復之不改此肫誠之意[illegible]光[illegible]之旋而不

徒恃形勢之强是故信者罰[illegible]也[illegible]兄曰足食

扶絕

足兵[illegible]食朔信則可曰去兵去食此聖賢之[illegible]兵下權謀

之士歟

氣脉結搆脱胎古文其[illegible]而[illegible]似共脉

千[illegible]明

子貢欲去告朔之餼羊　全章　方錢

聖人與賢者權用愛而知有不可去者焉夫去羊者傷禮之亡而愛禮者存羊之存聖人之見其異于賢人也如此且名實之間禮之所由辨也存其名而廢其實固當為禮爭此實也失其實而并欲泯其（名寔二字照註）名尤當為禮珍此名也夫萬不能舉禮之實而復之而尚留此不絕之端謂庶幾猶有冀焉則聖人之用心為已至矣今夫告朔之禮所係蓋綦重哉頒之王朝明有君也請之太廟明有祖也而凡朝政之修民事之勤舉視此矣奈何魯自文公竟廢此禮而卒不聞有復之（擒定）者雖然廢者魯君而不廢者魯之有司也設令有司以君不視朔併

此餼羊而闕焉莫供則禮之亡也已久矣待子貢今日者始議此羊之無謂而思去之耶且夫子貢之欲去之者意固不在羊也毋亦悼大禮之廢反其意而為言也不知禮廢而羊存庸愈于禮廢而羊不存也何也禮廢而羊存固為見羊不見禮禮廢而羊不存無羊遂長以無禮則不徒曰是其羊也直曰是其禮也維子則正告之曰賜爾之見非矣賜之見徒以是妄費者何為也則爾固無解于愛羊也若我之情深矣我之情則以是猶供者可幸也夫我實惓惓于愛禮也蓋天下事甚無樂乎其激也以賜之欲去安知當事者不果信之而已之是因賜之一激而反佐此禮之速壞也可乎哉我惟不忍禮之

倒就有禮意翻出子貢來

兩其字妥頓恰好妙絕

挽定前節

重發愛禮意亦透快亦雋雅

應有君

速壞而以為倘異日者有能起而修之庶幾覩羊而不勝天王明聖之思焉則亦以愛禮者俟之而已矣且天下事更甚慎乎其決也以賜之欲去安知省費者不適喜之而革之是因賜之決絕而竟成此禮之盡泯也可乎哉我惟不忍禮之盡泯而以為自茲以往或有復而行之庶幾覩羊而不勝高曾規矩之感焉則亦以愛禮者貽之而

應有祖

已矣噫子貢欲爭禮之實故意雖為禮而迹似為羊夫子則珍禮之名故非不知羊之徒供而特以為禮之猶寄賜於斯時得無自笑去

雋妙

羊之為淺也乎夫而後嘆夫子深遠矣

原評　筆圓而曲語婉而雋態度橫生神味有餘

林玉巖先生評

將存羊所以存禮意。寫得水乳交融。聖人維禮深心。栩栩紙上。至文品之清潔。則一片冰心在玉壺矣

子貢

子貢欲去　其羊

福建馮學院録科　柯俊彥　公弼

激於去物者其愛若僅在物也夫告朔而餼羊徒供子貢非愛其羊而欲去之惟其輕於言去斯為愛僅在羊耳且先王有甚重之典而必備物以將之者原不徒以其物也不徒以其物而物徒供之其妄費也實甚有心者惟不以其物視物故激而言去然正惟激而言去適足見其以物視物而愛若僅在物耳魯之告朔有自來矣告朔而有羊此不過其羊也然以羊而用之於告朔此非但其羊也藉令文公以來告朔猶然有司月供餼羊亦孰不相忘其為羊也哉無何告朔廢矣其羊徒供斯子貢之所以欲去也以聽

提頓醒快

明特達之子心歷古制豈屑屑於微物之供然其費雖微而徒費無益曷若併其羊而俱去之而以告諸先公之靈爽亦甚惜後人之多事以維持世道之心目擊時變寧因仍於去費之事彼見其去費而感傷於徒存以故欲其羊而併去之而以質諸先王之始須亦欷歔於目之不忍見子貢之論毋亦當夫子意乎夫事之宜

時事反振有勢有力雄健　援引

行也廢之與事之宜仍也改之適相類也昔者長府之作舊貫可仍而必為之改觀夫子曾嘉閔子之言中今茲子貢之論雖激少遜有德者之婉商而其肝衡時事也將毋同夫子何不並嘉之而反以愛在其羊斥之何居大凡事不經聖人之評定不覺其為瑣

細以彼告朔之典已廢重煩有司之供應賜蓋明惜其費用之不經耳惜夫子以為愛羊而瑣屑之見若呈几席事止激於目前之徒備殊為泯其本衷以彼欲去告朔之羊意誠有感而輒動賜初心總為告朔之不復耳乃夫子所為愛羊而淺彼之情恍告同堂（眼觀下句仍繳注題）蓋在昔日之羊固其羊也而在今日之羊豈其羊乎權以今與昔（面）之間而賜之意言猶滯乎目中所見之羊固其羊也而心中所想之羊豈其羊乎衡以心與目之際而賜之持論已偏要之賜之去羊特激於告朔之廢非真欲去羊也夫子以賜為愛羊特以其激於去羊之說非真責賜以愛羊也迨我愛其禮之言出見聖賢同一

維禮之心若泥乎愛羊之言以賜為無意乎禮夫賜不愛禮則賜亦何必為去羊之說哉

用華矯樸不可方物

神情在語言之外聖賢維禮苦心千載如見　叔祖漢儕

子貢欲　柯

子貢欲去告朔之餼羊

吳大宗師歲試取進 閩清縣學五名 劉植莪

賢〻者資去羊之思以其無實之費也夫有餼羊而無告朔此無實之典也欲去之思子貢之心抑何深與且王章為大義之所存固後人所當率循而不替者也乃不謂為中竟無數典之思而苟外遂有具文之愴則悲憤之下發為太息之詞人謂其詞之甚激也吾謂其情之獨深矣今夫魯之有告朔固受之天子藏之祖廟而視之於每月者也即其典之所垂而核其義之所歸行之歲首所以重正朔而明有尊行之廟中所以敬宗祖而明有親行之每月所以奉天時而勤民事是故創自先王沿於累葉兢〻焉奉以周

試草

旋困敢失墜所謂有其舉之莫敢廢者也乃無何曾自文公而降餼羊則是矣而告朔則非也其始不視朔也以疾後雖無疾而亦然其繼不視朔也以間後雖無閒而亦然正朔自此玩也祖廟自此狎也天時人事而置之若罔聞也月令錯於上牲供耗於下此（一言費一醒）豈非有心之士所欲攘臂而爭焉者哉乃子貢則慨然於餼羊而有欲去之議也何居彼蓋謂夫國家之經費貴乎有實之供民力之宜戒乎空名之奉此告朔之所以獨隆於前古也今試思春之義予雖載筆於春秋而吉月之文誰復留心於廟享故使羊（管苦筆法）而為告朔也羊者則小物即為大典所關羊而非為告朔也羊者

則脈自愈動傷心之感夫是以循其名而核其實欲復之而力有所不能欲諷之而言有所不聽欲置之不論不議之條而心更有（廿欲思曾上追寫而端予氏當日无限深情和盤托出）所不安勢不得不以憤時嫉俗之心發而為感慨無聊之想此子貢欲去羊意也吁告朔之所係者重矣乃特羊有奉已無癖蠡之傷而視朔久虛不聞柔毛之薦傷已而或者以去之一言疑其激也而不知正言而不足者反言之有餘也所謂詞激而意深乎

俯仰揖讓六一之遺源評

子貢 鄧

子貢賢於仲尼

江西張學院歲入
瀘溪縣學一名　鄧奕緒

大夫尊賢而抑聖而昧其真矣夫仲尼固莫有賢之者也乃武叔
以子貢當之非惟不知仲尼并不知子貢何昧爲若曰今以舉世
吳衆之人漫加推重此特泛泛悠悠之口據名分爲定評耳不知
尊卑有不易之位貴獨見以識其微而高下無一成之形當相形
直斷最肖神吻
以傳其寔師不必賢于弟弟不必不賢于師乃今而益信之矣今
夫天下之所群奉者孰有如仲尼哉然吾竊思之縱之將聖荅六
藝者豁天授于多能仲尼其不可量乎而何以喻升階而形推遜
同堂爭已對達士而特目爲恭知而莫違等百王者嘆生民之未

有仲尼果是使獨乎而何以比人物而較短長孔氏于以念方人（[illegible]少）而自謂不暇一今與子貢較之將謂仲尼賢乎子貢賢乎吾得一言以決之矣溫良恭讓之休固足動時君之欲信而與聞國政卒莫能諒求之；說而別解其端自不若六瑚四璉輝煌爲而易欽人（須說出）国也試觀絶糧見厄迎兵孰致乎昭王侯舍圍蒲東鄉晦行于衛主排之一言而霸越再策而亡吳以視道之不行者有如此之豐（附公竹）功偉畧乎雖事賢友仁子貢嘗頌居邦之訓而當爲不讓則其前相資而後相越者詰固不掩也然事程能碩與諸大夫平情察之切磋琢磨之咏已足通告語之往來而可與言詩究未料從處境

之途而旁恭其義宜不同下學上達寂寞爲而徒增呼籲也試思貨殖明工而疏水曲肱徒作浮雲之寄慨（嘈搭精工）結連何感而伐檀削迹終傷魏落之無容他如子西賢而見沮晏嬰智而懷疑以視達可從政者有若此之悽惶偃蹇乎雖聞一知二子貢猶明弗如之真而年以自牧則其始遜友而終勝師者品又難誣也計權量力願與同朝士公道銜之一試者曰時無仲尼子貢應不在弟子之列則其視子貢尤淺夫朝祭最大其足驗生平之學問也久矣彼心也（牽合無痕）不畏莊驕替于執玉受玉之場則其于覌礼者何如不聞入廟告虔每事必問徒致或人之隱諷也即以使賜多言亦第進箴規于

函丈而其寔億則屢中正深服其料事之聰明或者曰仲尼雖賢得子貢而名益顯則其視仲尼轉深夫心性至微其足定當前之品目也明矣彼不欲無加亦勉強于觀我觀人之地則其于行仁者奚似詎至博施濟衆斷歸聖人更慮堯舜之猶病也即謂非爾所及或亦神鼓舞于先生而一自性道得聞應不屑夫杏壇之提命誰謂師必賢于弟弟必不賢于師乎

更誤認得也

逐事較量鑿鑿還他賢處如荳棚下評朝家制度市井閭品文士短長適自呈其無知供狀足令聞者絶倒

趙錫蕃